MEIN NATURFÜHRER

Text: Xavier Japiot
Illustrationen: Maud Bihan

D1917634

WALDTIERE

ENTDECKEN ★ BEOBACHTEN ★ BESTIMMEN

ULLMANN

Inhalt

DER WALD

Ein wichtiges Ökosystem

Der Wald ist ein Ökosystem, in dem es vor tierischem und pflanzlichem Leben nur so wimmelt. Viele Tiere des Waldes kennst du bestimmt, weil man sie häufig sieht, wie z. B. Fuchs, Steinmarder, Rotkehlchen, Eichhörnchen und Eule. Es gibt aber auch sehr scheue Tiere im Wald, die sich ziemlich ungewöhnlich verhalten.

Der Wald spielt eine sehr wichtige Rolle für die Gemeinschaft der Lebewesen, die ihn bewohnt. Er liefert einen Teil des Sauerstoffs, den auch du täglich einatmest, und er ist Nahrungsquelle für eine Vielzahl von Tieren. Manche von ihnen ernähren sich von Pflanzen und werden selbst von Raubtieren gefressen. Für uns Menschen ist der Wald ein Ort, an dem wir uns gern aufhalten, etwa zum Spazierengehen oder zur Naturbeobachtung. Er liefert uns Holz, das wir zum Heizen, zur Herstellung von Papier oder Möbeln und für andere Zwecke brauchen.

In früheren Zeiten war der Wald mitunter ein Ort, der den Menschen Angst und Schrecken einjagte. Sie glaubten, er werde von unheilvollen Kreaturen, furchtbaren Hexen, Unglück bringenden Eulen und grausamen Wölfen bewohnt.

Drei Erscheinungsformen des Waldes

- **Offener Wald:** offener, lichtdurchfluteter Lebensraum mit Bäumen und Gräsern. Die Bäume stehen weit auseinander, sodass das Licht bis auf den Boden vordringen kann. Dies begünstigt das Wachstum krautiger Pflanzen.

- **Halboffener Wald:** Wenn die Bäume ausgewachsen sind, dringt durch das Blätterdach nur noch wenig Licht bis zum Boden, entsprechend spärlich ist der Unterwuchs.

- **Geschlossener Wald:** geschlossener, dunkler Lebensraum, in dem praktisch kein Licht bis zum Boden vordringt. Der Wald scheint undurchdringlich, es sei denn, die Natur oder der Mensch schlagen eine Schneise.

Ein Wald, in dem verschiedene Krautpflanzen, Sträucher und Bäume jeden Alters wachsen, bietet Lebensraum für die unterschiedlichsten Tiere.

Die Stockwerke des Waldes

Die Baum- oder Kronenschicht besteht aus den Bäumen des Waldes.

Die Strauchschicht besteht aus Sträuchern und Gebüsch.

Die Krautschicht besteht aus krautigen Pflanzen und Blumen.

Die Bodenschicht besteht unter anderem aus abgestorbenen Blättern, Moosen und Humus.

Die Entwicklung eines Waldes

Bis in einer zuvor offenen Landschaft ein niedriger Wald herangewachsen ist, vergehen mindestens 15 Jahre.

Geburt des Waldes

Nach 5 Jahren

Nach 10 Jahren

Nach 15 Jahren

Wie ein Wald entsteht

Zunächst breiten sich auf einem vegetationsfreien Gelände sogenannte Pionierpflanzen aus, wie z. B. Moose und Farne. Es folgen krautige Pflanzen und Gräser sowie wilde Blumen, die zusammen eine offene Graslandschaft bilden. Zwischen diesen Pflanzen siedeln sich Sträucher und mit der Zeit auch bestimmte Baumarten an. Erste Bäume wachsen heran. Es entsteht nach und nach ein geschlossener Lebensraum: der Wald. Die Reifephase eines Waldes wird von Ökologen als **Klimax** bezeichnet.

Die Waldarten

- **Sommergrüner Laubwald**

Ein sommergrüner Laubwald, wie es ihn in Europa gibt, besteht fast ausschließlich aus Laubbäumen, die ihre Blätter im Winter abwerfen: Buchen, Eichen, Ahorne, Eschen und andere. Er dringt nicht in höhere Berglagen vor.

- **Nadelwald**

Wie der Name schon sagt, besteht ein Nadelwald aus Nadelbäumen wie Tannen, Fichten, Kiefern und Lärchen. Häufig tragen sie Zapfen. Davon ist auch ihr lateinischer Name abgeleitet: Koniferen (*conus* bedeutet „Zapfen" und *ferre* „tragen"). Ein Nadelwald entwickelt sich vor allem in steilen Berglagen, doch auch in tieferen Regionen wurden von Menschen Nadelbäume angepflanzt. Die zu Nadeln umgewandelten Blätter fallen nicht alle im Herbst zu Boden, sondern erneuern sich im Jahreslauf.

- **Mischwald**

Ein Wald aus Laub- und Nadelbäumen. Natürliche Mischwälder mit Fichten und Buchen kannst du im Mittelgebirge finden.

- **Sumpfwald**

In Tälern, deren Boden von Wasser durchtränkt ist oder die regelmäßig überschwemmt werden, gedeiht ein ganz besonderer Wald. Er besteht aus Bäumen und Büschen, die teilweise bis zum Stamm über längere Zeiträume im Wasser stehen. Hauptsächlich handelt sich dabei um Schwarzerlen, Silberpappeln, Schwarzpappeln, Espen und verschiedene Weidenarten.

- **Auwald**

Auwälder wachsen entlang von Bächen und Flüssen. Sie bestehen hauptsächlich aus Weiden und Erlen.

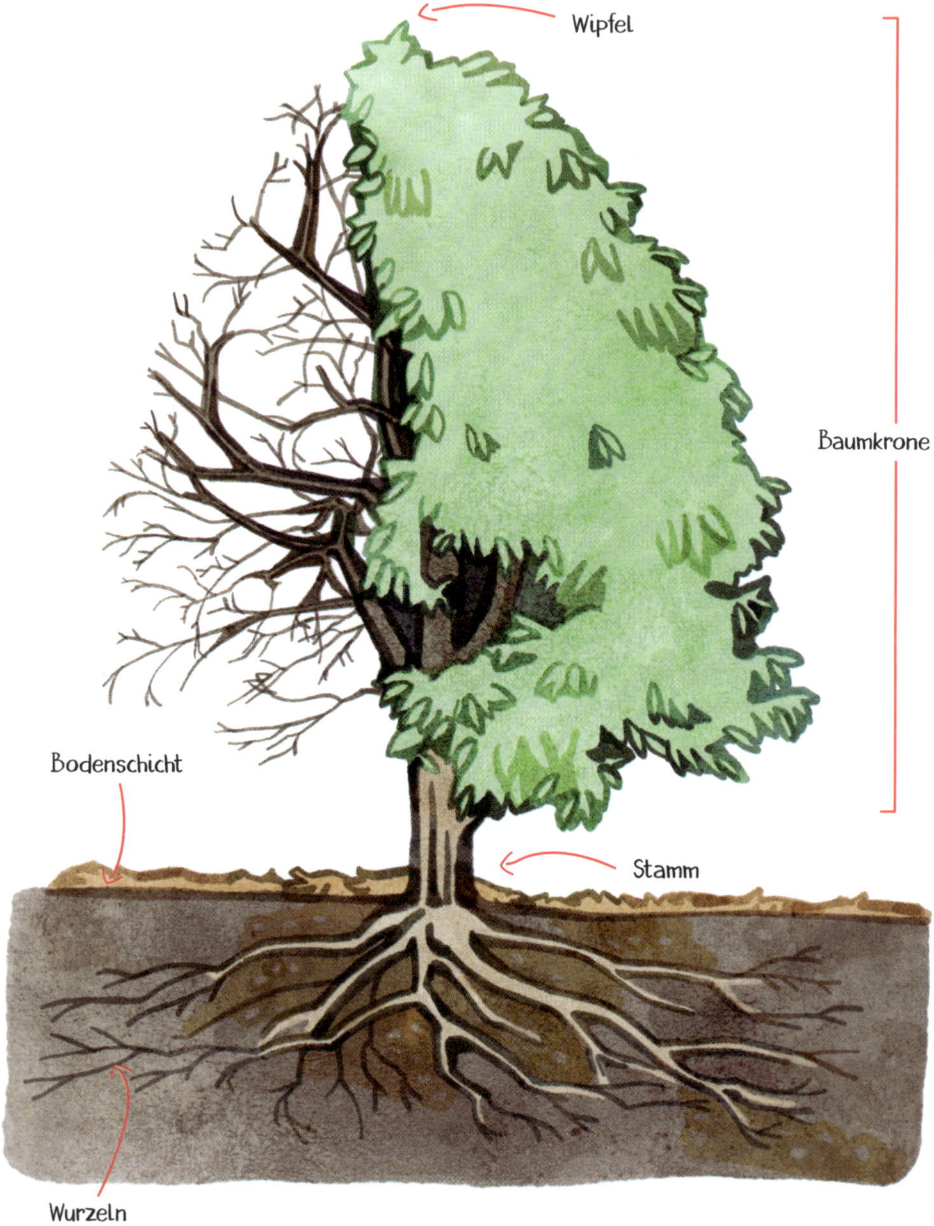

Vom Keller (Wurzeln) bis zum Dachstuhl (Wipfel)

DER BAUM ALS LEBENSRAUM

Was ist ein Baum?

Ein Baum ist eine verholzte Pflanze mit Stamm, der beim ausgewachsenen Baum mehr als 5 m hoch ist. Der Stamm verzweigt sich in belaubte Äste und Zweige, die die **Baumkrone** bilden.

Sträucher oder Kleingehölze verzweigen sich im Unterschied zu Bäumen schon am Boden und sind viel kleiner als diese.

Ein Baum bietet den unterschiedlichsten Tierarten und Schmarotzern Nahrung und Unterschlupf. Sie siedeln sich darauf an, ernähren sich von seinen Früchten und Blättern oder seinem Holz oder sterben darin. Ein Baum ist also ein eigenes kleines Ökosystem.

Im Wald wimmelt es vor Leben. Von der **Bodenschicht** bis zu den **Baumwipfeln** hat er auf allen Stockwerken etwas zu bieten. Zahlreiche Tiere leben im Wald. Kennst du sie alle? Lass uns mit ihnen Bekanntschaft schließen.

Am Boden

Manche Waldtiere wie der **Eichelhäher** und das Eichhörnchen sammeln im Herbst Unmengen von Nussfrüchten (z. B. Kastanien, Eicheln, Bucheckern, Flügelnüsse des Ahorns), die sie in der

Erde vergraben, damit Konkurrenten sie nicht stibitzen: Das ist ihre Speisekammer für den Winter. Manche Früchte finden sie allerdings nie wieder, vor allem, wenn sie unter einer dicken Schneedecke verborgen sind. Die Samen keimen dann im Frühling – den kleinen tierischen Helfern sei Dank.

In Nadelwäldern kannst du auch abgenagte Tannen-, Kiefern- und Fichtenzapfen am Boden finden. Sind noch Schuppen und Fasern erhalten, ist das **Eichhörnchen** nicht weit. Sind die Fasern weg, haben Feld- und Wühlmäuse sich über die Leckerbissen hergemacht. Auch nach „Lutschern" kannst du Ausschau halten: Eichhörnchen trennen mit ihren Schneidezähnen junge Zweige von Kiefern ab, um den Saft und das Harz auszusaugen. Darauf sind sie ganz wild.

Ein anderer Waldbewohner betätigt sich als Bauarbeiter: das **Wildschwein**. Auf der Suche nach vergrabenen Leckerbissen, Regenwürmern und Mäusen pflügt es mit seinem Rüssel den Boden um und gräbt regelrechte Spurrillen, die sich nach einem Regenguss mit Wasser füllen – ein idealer Lebensraum für die Gelbbauchunke mit ihrem gelb-schwarzen Bauch, für Wassermolche, gesprenkelte Salamander-Larven und zahlreiche Insekten, die einen Teil ihres Lebenszyklus oder sogar ihr ganzes Leben darin verbringen.

In der Bodenschicht

Die Bodenschicht ist der „Teppich", auf dem du durch den Wald spazierst. Sie besteht aus abgestorbenen Blättern und sich zersetzenden Pflanzenresten, die den Boden bedecken. Hier leben kleine Pflanzenfresser, die man wissenschaftlich auch als Primärkonsumenten bezeichnet. Zahlreiche Käferlarven, von denen einige Engerlinge genannt werden, leben ein Jahr oder mehrere Jahre unter der Erde und ernähren sich von absterbenden Pflanzen oder von Wurzeln. Ehe sie sich in Maikäfer, goldglänzende **Rosenkäfer**, Hirschkäfer oder Balkenschröter verwandeln, müssen sie sich verpuppen.

Es kommt nicht selten vor, dass **Erdkröten**, nachtaktive Tiere mit wunderschönen orangefarbenen Augen, im Schutz der Dunkelheit nach diesen fetten Leckerbissen im Laub herumstöbern. Sie gehören zu den Fleischfressern oder Sekundärkonsumenten. Auch die Spitzmaus, ein kleines Säugetier mit spitzen Zähnen, schleicht auf der Suche nach schmackhaften Insekten im Laub herum. Sie ist nahe verwandt mit dem Maulwurf.

Am Fuße von Bäumen entdeckst du vielleicht kleine Erdhaufen, die wie Minivulkane aussehen. Das sind die Hinterlassenschaften von **Maulwürfen**, die beim Graben ihrer unterirdischen Gänge den Erdaushub an die Oberfläche befördern. Auf der Suche nach Regenwürmern, von denen sie sich Vorräte anlegen, durchstreifen Maulwürfe jeden Tag ihre Gänge. Um ihre Beute an der Flucht zu hindern, beißen sie die Würmer direkt hinter dem Kopf entzwei und horten sie dann in einer kleinen Ecke ihres Nestes. Gräbst du im Garten ein Beet um und stößt auf die Vorratskammer eines Maulwurfs, wirst du glauben, ein „Regenwurmnest" entdeckt zu haben.

Jedes Leben geht einmal zu Ende, und ein Tierkadaver, etwa eine tote Waldmaus, übt eine unwiderstehliche Anziehungskraft auf ganz bestimmte Tiere aus: die **Aasfresser**. Manche Insekten, wie Fliegen, Totengräber und Mistkäfer, können dank ihrer Fühler Verwesungsgeruch auf mehrere Kilometer Entfernung wahrnehmen. Fliegen legen auf dem Kadaver ihre Eier ab, Käfer veranstalten ein regelrechtes Festmahl.

Alle diese verrottenden Stoffe tierischen und pflanzlichen Ursprungs werden am Ende von kleinen **zersetzenden Organismen**, Krustentieren, Asseln oder Springschwänzen in ihre Bestandteile zerlegt. Auf diese Weise tragen diese Lebewesen zur Anreicherung der Bodenschicht bei.

Im Wurzelbereich

Baumwurzeln haben zwei wichtige Aufgaben: Sie verankern den Baum im Boden, damit er nicht umstürzt, und sie versorgen ihn mit Nahrung, das heißt: mit Wasser und Mineralsalzen aus dem Erdreich.

Im Wurzelbereich bilden sich oft kleine überirdische Höhlungen, die manchen Vögeln (z. B. Rotkehlchen, Zaunkönig) oder Säugetieren (z. B. Wildkaninchen, Maus) als Nester bzw. Bau dienen.

Die **Gemeine Maulwurfsgrille**, eine Cousine der Feldgrille, legt ihre unterirdischen Gänge in der Nähe von Wurzeln an, da sie sich von Wurzeln und Wurzelknollen ernährt. Bei Anbruch der Nacht beginnen männliche Grillen durch Aneinanderreiben der Vorderflügel zu zirpen, um Weibchen anzulocken.

Am Stamm

Der Stamm ist durch eine Rinde geschützt, die sich von Baumart zu Baumart unterscheidet.

Viele Vögel, sogenannte Höhlenbrüter, bauen ihre Nester in Baumhöhlen, z. B. der Specht, der Star und der Kleiber. Manche Wirbellosen verstecken sich unter der Rinde (Ohrenkneifer, Asseln, Spinnen). Holzwespen bauen **Nester** zur Eiablage in das Holz von Laub- und Nadelbäumen.

Oft rankt **Efeu** an Baumstämmen empor, dem Sonnenlicht entgegen. Er gehört zu den wenigen Pflanzen, die Bestäuberinsekten auch im Herbst noch Nahrung bieten, denn er blüht erst im September, Oktober. Im Winter sind seine schwarzen Beeren eine wichtige Futterquelle für eine Vielzahl von Vögeln wie Stare, Amseln oder Meisen. Spatzen oder Stare wählen Efeu in der kalten Jahreszeit gern als Schlafplatz.

Manche Tiere versehen Baumstämme mit ihren **Duftmarken** und markieren auf diese Weise ihr Revier. Der Braunbär z. B. schlägt seine Klauen in den Stamm, um dort seinen Duft und einige Haare zu hinterlassen, die seinen Artgenossen unmissverständlich klar machen, dass dieses Territorium besetzt ist. Rehböcke besitzen an mehreren Körperstellen Duftdrüsen (Stirn, Geschlecht, Hinterläufe), mit deren Sekret sie die Baumstämme ihres Reviers kennzeichnen.

Lindenstämme sind vor allem bei Feuerwanzen beliebt, auffälligen rot-schwarzen Insekten. Hirschkäfer wiederum, die zu den größten Käfern Europas gehören, bevorzugen alte Eichen mit beschädigter Rinde, aus denen sie Tannine herauslecken.

WALDSPAZIERGANG

- Prüfe die Wettervorhersage, bevor du in den Wald gehst.
- Nimm eine Wegekarte und angemessene Kleidung mit.
- Hinterlasse im Wald keinerlei Müll, sondern nimm Abfälle wieder mit nach Hause.
- Sammle immer nur wenige Pflanzen, Blumen und Pilze.
- Klettere nicht auf Holzstapel – sie könnten umstürzen.
- Störe Wildtiere nicht, sondern beobachte sie aus einem gebührenden Abstand.
- Nimm deinen Hund an die Leine.
- Zelte nur an dafür ausgewiesenen Plätzen.
- Zünde kein Feuer an, und grille nur an Orten, an denen es erlaubt ist.
- Nimm dein Handy mit, auch wenn der Empfang an manchen Orten schlecht ist.
- Bleibe auf den markierten Wegen.

Spechte, ob Schwarzspecht, Buntspecht, Dreizehenspecht oder Mittelspecht, suchen unter der Borke von Baumstämmen mit ihren kräftigen Schnäbeln nach ihrer Lieblingsspeise: Insekten oder deren Larven. Außerdem „trommeln" die Männchen an Stämmen mit guter Resonanz, um ihr Revier zu markieren und eine Partnerin zu finden. Schließlich hacken sie Höhlen in die Stämme, in denen sie ihre Nester bauen. Verlassene Spechthöhlen werden gern von anderen Höhlenbrütern, die selbst nicht mit Zimmermannsqualitäten gesegnet sind, mit Beschlag belegt, z. B. von Kleiber, Star, Halsbandsittich, Meise und Eule, aber auch von Säugetieren wie Eichhörnchen und vielen Fledermausarten. In Waldkiefern findet man zuweilen pro Baum fünf bis acht übereinanderliegende Höhlen mit Starennestern.

Die **Hain-Bänderschnecke**, deren Gehäuse Bänder in bis zu sechs unterschiedlichen Farben – darunter Rosa, Schokoladenbraun und Gelb – aufweisen, gleitet auf ihrem Schleim die Borke entlang. Mithilfe ihrer Radula, einer Art Reibzunge mit fast 7000 kleinen Zähnen, raspelt sie winzige Pflänzchen vom Stamm ab. Gestreifte Schneckenhäuser bieten im Wald eine bessere Tarnung gegen ihren natürlichen Fressfeind, die Singdrossel, als einfarbige Häuser.

Unter der Rinde

Manche Waldtiere bevorzugen die Unterseite der Rinde. So baut z.B. der **Gartenbaumläufer**, ein kleiner, 12 cm langer Vogel, der nur 8 bis 12 g wiegt, sein Nest am liebsten hinter der losen Rinde eines alten Ahorns oder einer alten Eiche. **Asseln** hingegen, kleine „Erdgarnelen", die wie ihre im Meer lebenden Verwandten mit Kiemen atmen und die Feuchtigkeit lieben, leben unter der Rinde und ernähren sich von zerfallendem Pflanzenmaterial. Sie teilen sich diesen Lebensraum mit ein paar Schmarotzern wie dem 1 bis 2 mm großen Pseudoskorpion, der glatt als Miniaturskorpion ohne Schwanz und Stachel durchgehen könnte, sowie mit zahlreichen Spinnenarten.

In der Baumkrone

Zur Baumkrone gehören alle Äste, Zweige und Blätter. Für viele Tierarten ist sie Durchgangsstation, für manche ein Dauerwohnsitz. Eine sehr große Zahl an Insekten, Milben und Spinnen lebt dort auf engstem Raum zusammen.

Viele auf Bäumen lebende Vogelarten bauen ihre Nester in Astgabeln. Die Elster wählt dafür einen Platz möglichst hoch oben im

Baum, um ihren natürlichen Fressfeind, den Baummarder, davon abzuhalten, ihre Eier und Nestlinge zu rauben. Scheuere Arten wie der Stieglitz, der Pirol und der Grünfink verwenden trockenes Laub, krautige Pflanzen, Moos und sogar Teile von Spinnennetzen für den Nestbau.

Manche Fledertiere wie das **Braune Langohr** machen in der Baumkrone gemeinsam Jagd auf knackige Insekten.

Wenn du eine gute Beobachterin oder ein guter Beobachter bist, entdeckst du auf Knospen, Blättern, Blüten und Früchten vielleicht kleine braune, schwarze, rote, grüne oder gelbe (dornen-, ananas-, apfel-, artischocken-, knopf-, plätzchen-, ballförmige) Wülste: Das sind **Galläpfel**. Sie bestehen aus Pflanzengalle, die Wespen, Fliegen und Milben erzeugen, um sich selbst oder ihre Gelege zu schützen.

Außerdem reifen in den Kronen unterschiedlicher Baum- und Straucharten in unseren Wäldern **essbare Früchte** wie z. B. Esskastanien, Mispeln und Nüsse.

Zwischen den Zweigen spannen Spinnen wie die Gartenkreuzspinne ihre seidigen Netze, um Insekten darin zu fangen.

Im Wipfel

Der Baumwipfel ist die oberste Etage eines Baumes, das Blätterdach. Oberhalb davon jagt der pfeilschnelle **Große Abendsegler**. Mit seinen langen, schmalen Flügeln, deren Spannweite zwischen 32 und 45 cm erreicht, kann er 10 bis 40 m über den Baumwipfeln mit bis zu 50 km/h dahinjagen. Als lautloser und effizienter Jäger verfehlt er nur selten ein Insekt, das er im Flug fängt.

Der **Sperber**, der im Zickzack über die Baumwipfel saust, schnappt sich im Flug kleine Sperlinge, die er zwischen den Bäumen aufscheucht.

Im Totholz

Manche Insektenarten haben sich auf den Verzehr von totem oder vermoderndem Holz spezialisiert. Sie werden **Holzfresser** genannt.

Die bekanntesten unter ihnen sind die Bockkäfer, von denen zahlreiche Arten in unseren Wäldern heimisch sind. Sie tragen auf ihre Weise zum Abbau organischen Materials bei, das in die Bodenschicht des Waldes eingeht. So kommt der Lebenszyklus eines Baums zum Abschluss.

AUF FÄHRTENSUCHE

Zur Herstellung eines Abgusses brauchst du

- Modellgips
- einige Streifen biegsame Pappe
- einen kleinen Eimer
- Wasser
- einen Pinsel
- Öl oder Seifenwasser

Im Wald

1 Halte beim Waldspaziergang Ausschau nach einer schönen Fährte, z. B. von einem Hirsch. Lege die Spur frei, indem du die Ränder säuberst, ohne sie zu beschädigen.

2 Lege einen Pappstreifen ringförmig um das Trittsiegel, oder häufe rundherum Erde zu einem kleinen Wall auf.

3 Verrühre in dem Eimer Modellgips mit Wasser zu einer zähflüssigen Masse, und gieße die Mischung vorsichtig, aber beherzt in das Trittsiegel.

4 Warte 15 bis 20 Minuten, bevor du die Gussform entfernst. Du hast jetzt einen Negativabdruck der Fährte.

Wenn dein Formguss durchgetrocknet ist, säubere ihn vorsichtig und befestige auf der Rückseite ein Etikett auf dem du Tier, Fundzeitpunkt und Fundort notierst.

Zu Hause

Jetzt kannst du ein Positiv deines Abgusses herstellen.

1 Reinige den Formguss, ummantle ihn mit einem neuen Pappstreifen, und fixiere den Ring mit einem (Bast-)Faden, damit er nicht verrutscht. Pinsel den Formguss mit Öl oder Seifenwasser ein, damit der Gips, den du einfüllst, nicht daran festklebt.

2 Gieße angerührten Gips in die Form, und warte etwa 20 Minuten.

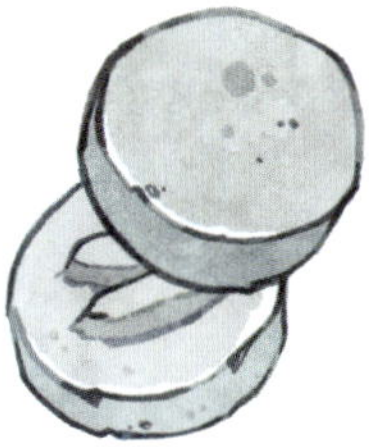

3 Trenne das Positiv vom Negativ.

4 Säubere, bemale und beschrifte den Abguss. Auf diese Weise kannst du eine ganze Abgusssammlung aufbauen.

WIE BAUE ICH EINEN IGEL-UNTERSCHLUPF?

Der Westeuropäische Igel ist ein gern gesehener Gast im Garten, denn er leistet viele gute Dienste, etwa indem er (Nackt-)Schnecken und Insektenlarven vertilgt, seine Lieblingsspeise. Wenn der Winter kommt, sucht sich der Igel einen gut getarnten Unterschlupf, um die kalte Jahreszeit, geschützt vor Licht, Wind und zu großen Temperaturschwankungen, zu verschlafen. Mit wenigen Zutaten aus der Natur kannst du ihm einen Unterschlupf bauen.

Du brauchst

- ★ einen Stapel Reisig
- ★ Laub
- ★ Stroh

1 Schichte das Reisig zu einem etwa 50 cm hohen Haufen auf. An einer Seite unten eine etwa 20 cm hohe Öffnung lassen, damit der Igel in seinen Unterschlupf kriechen kann.

2 Bedecke den Haufen zum Schutz mit Laub und Stroh oder mit einer Plane.

DER GRÜNE ZIPFELFALTER

SYSTEMATIK

Wissenschaftlicher Name:
Callophrys rubi

Klassifizierung:
Gliederfüßer, Insekten, Schmetterlinge, Bläulinge

Geschlossene Flügel

Offene Flügel

ANDERER NAME

Brombeer-Zipfelfalter

MAẞE

Länge: 10 mm

Spannweite: 20 bis 26 mm

Raupe

Erscheinungsbild

Die Flügelunterseite dieses kleinen Falters ist bei beiden Geschlechtern smaragdgrün, die Oberseite braun mit weißen Rändern. Die kurze, dicke grüne Raupe ist unmittelbar vor der Verpuppung 10 bis 15 mm lang.

Ernährung

Der Schmetterling saugt Nektar aus Blüten. Die Raupe ernährt sich von Schmetterlingsblütlern, etwa Klee, Luzernen, Steinklee und Ginster, aber auch von den Blättern des Brombeerstrauchs, dem der Falter seinen zweiten Namen verdankt.

Lebensweise

Der Grüne Zipfelfalter lässt sich an Waldrändern, in Hecken, auf Waldlichtungen und in der Heide entdecken. Er ist in ganz Europa verbreitet, wird mancherorts aber immer seltener. Die Bestände in Deutschland gehen ständig zurück.

Fortpflanzung

Im Frühling umwirbt das Männchen seine Auserwählte mit einem Hochzeitsflug. Das Weibchen legt anschließend auf die Futterpflanzen der Raupen glänzende grüne Eier mit sehr dünner, wabenartiger Schale. Die dunkel- bis gelbgrüne Raupe ist auf dem Rücken mit schräg verlaufenden „Feldern" gemustert. Wenn sie ausgewachsen ist, verwandelt sie sich in eine dunkelbraune Puppe, die bei Störungen ein leises Rascheln von sich gibt. Die Puppe überwintert, und im nächsten Frühjahr schlüpft der Schmetterling.

Lebenserwartung: 1 Jahr (als Schmetterling)

Die Raupe sieht aus wie eine grüne Kellerassel.

Der Schmetterling ist grün-braun wie ein Brombeerstrauch.

Die Tiere paaren sich durch Verbindung ihrer Hinterleiber.

Schon gewusst?

Wird der Grüne Zipfelfalter gestört, flüchtet er sich auf ein Blatt, schließt die Flügel und ist dank der grünen Flügelunterseiten kaum noch von seiner Umgebung zu unterscheiden.

DER HABICHT

SYSTEMATIK

Wissenschaftlicher Name:
Accipiter gentilis

Klassifizierung:
Wirbeltiere, Vögel, Greifvögel, Habichtartige

Männchen

Weibchen

MAßE

Länge: 49 bis 56 cm (Männchen), 58 bis 64 cm (Weibchen)

Spannweite: 93 bis 105 cm (Männchen), 108 bis 127 cm (Weibchen)

Gewicht: 500 bis 1100 g (Männchen), 800 bis 1350 g (Weibchen)

Erscheinungsbild

Der Habicht besitzt einen langen und relativ breiten Schwanz. Das Gefieder der Körperoberseite ist schiefergrau, Brust und Bauch sind weiß mit dunkelbrauner Querbänderung. Die Flügelunterseite ist weiß, Wangen und Kopfoberseite sind dunkelgrau, über den Augen ist ein weißer Streifen. Das Weibchen ist größer als das Männchen, aber weniger kontrastreich gefärbt.

Lebens-
erwartung:
19 Jahre

Ernährung

Der Habicht ist ein Raubvogel, der sich von anderen Waldvögeln ernährt, vor allem von Ringeltauben. Er jagt aber auch Amseln, Drosseln, Häher, Krähen und Elstern sowie kleine Säugetiere (Kaninchen, Eichhörnchen, Mäuse). Der scheue Vogel späht von seinem Ansitz aus nach Beute und wartet einen günstigen Moment ab, um sich auf sie zu stürzen.

Der Habicht hat einen durchdringenden Blick.

Habichte kommen bis in 1600 m Höhe vor.

Lebensweise

Der Habicht lebt meist in dichten Laub- oder Nadelwäldern. Er beansprucht einen 20 bis 50 km^2 großen festen Lebensraum, und man bekommt ihn nur selten zu Gesicht.

Das Revier erstreckt sich über 20 bis 50 km^2.

Fortpflanzung

Im Frühling beginnen die Habichte auf Initiative des Weibchens mit Balzflügen. Der Horst wird in etwa 10 bis 30 m Höhe in einer Astgabel errichtet. Ist bereits ein Horst vorhanden, bessern die Vögel ihn lediglich aus. Zwischen April und Mai legt das Weibchen drei bis vier schmutzig weiße Eier. Die Brutzeit beträgt 35 bis 38 Tage. Nach 36 bis 40 Tagen sind die Jungvögel flügge und in der Lage, selbst auf die Jagd zu gehen.

Schon gewusst?

Habicht-Männchen sind so groß wie eine Rabenkrähe, Weibchen so groß wie Mäusebussarde.

DER EUROPÄISCHE DACHS

SYSTEMATIK

Wissenschaftlicher Name:
Meles meles

Klassifizierung:
Wirbeltiere, Säugetiere, Raubtiere, Marder

MAßE

Länge: 67 bis 109 cm inkl. Schwanz (11 bis 20 cm)

Gewicht: 8 bis 20 kg

★ Erscheinungsbild

Dieser „Miniaturbär“ hat einen gedrungenen Körper. Das Rückenhaar ist silbrig-grau, der Kopf schwarz-weiß gestreift. Seine Tatzen sind kurz und mit kräftigen, nicht zurückziehbaren Krallen ausgestattet, die ihm das Buddeln in der Erde erleichtern. Der graue Schwanz hat eine weiße Spitze.

Lebenserwartung: 15 bis 20 Jahre

★ Ernährung

Als Allesfresser ernährt sich der Dachs von Wühlmäusen, Waldmäusen, Insektenlarven und Waldfrüchten. Außerdem vertilgt er bis zu 200 Regenwürmer pro Tag.

Der Dachs trägt eine schwarz-weiße „Maske“.

★ Lebensweise

Dachse sind nachtaktiv und halten keinen Winterschlaf. Sie gehen jeden Tag dieselben Wege ab, die sie mit ihren persönlichen Duftmarken versehen, und sind ansonsten ausgesprochen häuslich. Ihr Leben spielt sich in weitläufigen unterirdischen Bauten ab, die sie über Generationen hinweg mit ihren Familien bewohnen. Das Gangsystem erstreckt sich oft über mehr als 800 m. Das deutsche Wort „Dachs“ ist vom indogermanischen *taks* für „bauen“ abgeleitet.

Seit mindestens 100.000 Jahren in Europa heimisch.

Das Revier erstreckt sich über 300 m^2 bis 3 km^2.

★ Fortpflanzung

Das Weibchen kann die Entwicklung des befruchteten Eies bis in den Dezember hinauszögern, selbst wenn es sich schon Wochen zuvor gepaart hat. Die Jungen werden im Februar geboren und verbringen ihre ersten acht bis zehn Lebenswochen im Bau, ehe sie sich im Laufe des Mai zum ersten Mal nach draußen wagen.

Schon gewusst?

Rasierpinsel zum Herstellen und Auftragen von Rasierschaum für die Nassrasur werden häufig aus Dachshaar gefertigt.

DER GOLDLAUFKÄFER

SYSTEMATIK

Wissenschaftlicher Name:
Carabus auratus

Klassifizierung:
Gliederfüßer, Insekten, Käfer, Laufkäfer

ANDERER NAME

Goldschmied

MAẞE

Länge: 17 bis 30 mm

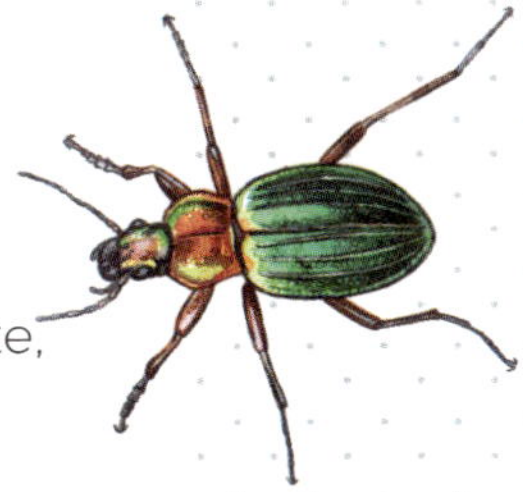

Erscheinungsbild

Dieser große Laufkäfer hat orangerote Beine und feste, glatte, grüngoldene Deckflügel.

Ernährung

Der Goldlaufkäfer macht Jagd auf Weichtiere (z. B. Schnecken) und ist deshalb bei Gärtnern sehr beliebt. Auch die Larven ernähren sich von kleinen Schnecken und ihren Eiern, fressen aber auch Insektenlarven sowie erwachsene Insekten (Schnellkäfer).

Lebensweise

Der Goldlaufkäfer leidet unter dem übermäßigen Einsatz von Pestiziden, u. a. von Schneckenkorn, das vielen Nacktschnecken und Gehäuseschnecken den Garaus macht. Frisst der Käfer zu viele vergiftete Beutetiere, bezahlt er dafür letztlich selbst mit dem Leben.

Fortpflanzung

Goldlaufkäfer verpuppen sich im Waldboden und schlüpfen im Herbst. Den Winter verbringen sie an einem geschützten Ort. Sie sind überwiegend tagaktiv und denken nur ans Fressen. Hat sich ein Paar gefunden, legt das Weibchen seine Eier in die schützende, wärmende Erde. Die Larven suchen am Boden nach Beutetieren und häuten sich mehrfach, bevor sie sich verpuppen.

Lebens-
erwartung:
2 Jahre

Bis vor einiger Zeit an Waldrändern und auf Feldern noch weit verbreitet.

Die leuchtend grüngoldenen Käfer sehen aus wie kleine Edelsteine.

Schon gewusst?

Elstern sind ganz versessen auf Goldlaufkäfer. Vielleicht ist der Spitzname „diebische Elster" auf diese Weise entstanden, weil die Käfer so golden leuchten wie ein Schmuckstück. Versuche haben übrigens gezeigt, dass die Diebeslust der Elster nicht größer ist als die anderer neugieriger Tiere.

DAS LANDKÄRTCHEN

SYSTEMATIK

Wissenschaftlicher Name:
Araschnia levana

Klassifizierung:
Gliederfüßer, Insekten, Schmetterlinge, Edelfalter

Falter der ersten Generation

Falter der zweiten Generation

Raupe

MAẞE

Länge: 15 bis 18 mm

Spannweite: 30 bis 38 mm

Erscheinungsbild

Das Landkärtchen bringt in einem Jahr zwei Generationen hervor. Die erste Generation (Frühlingsgeneration) hat orangefarbene Flügel mit schwarzen Flecken und weißen Punkten, die zweite Generation (Sommergeneration) ist schwarzviolett mit einem weißen Band auf beiden Flügelpaaren.

Ernährung

Die Schmetterlinge lieben den Nektar von Doldenblütlern (z. B. wilde Möhre) und den süßen Saft von Früchten. Die schwarzen, mit Dornen bewehrten Larven bevorzugen Brennnesseln.

Lebenserwartung: 1 Jahr (erwachsener Schmetterling)

Lebensweise

Der Schmetterling lebt an Waldrändern und in Regionen mit Windbruch, wo er problemlos sonnenbaden kann, um sich aufzuwärmen. Das Landkärtchen ist ein schneller Flieger. Dank seiner leuchtenden Farben ist es weithin sichtbar, was Eindringlinge von seinem Revier fernhält.

Die zylinderförmigen Eier sind klein, grün und geriffelt.

Das Landkärtchen gleicht dem Tagpfauenauge.

Fortpflanzung

Nach der Paarung legt das Weibchen im Frühling seine Eier auf den Futterpflanzen der Raupen ab. Sie werden auf der Blattunterseite fein säuberlich in Reihen zu Säulen aus sechs bis 22 Eiern geschichtet. Daraus schlüpfen schwarze Raupen mit zahlreichen Dornen, einem Paar schwarzer Kopfdornen sowie meist ockerfarbenen Seitenstreifen. Die Frühjahrsgeneration überwintert im Puppenstadium.

Schon gewusst?

Der Schmetterling verdankt seinen Namen der Zeichnung auf den Flügelunterseiten, die an eine Landkarte erinnert.

DER ROTHIRSCH

SYSTEMATIK

Wissenschaftlicher Name:
Cervus elaphus

Klassifizierung:
Wirbeltiere, Säugetiere, Paarhufer, Hirsche

ANDERER NAME

Edelhirsch

Hirsch

Hirschkuh

MAßE

Größe: 1,60 bis 2,60 m (Hirsch), 1,70 bis 2,10 m (Hirschkuh)

Stockmaß: 1,20 bis 1,50 m

Rückenlänge: 70 bis 90 cm

Gewicht: 130 bis 300 kg (Hirsch), 80 bis 150 kg (Hirschkuh)

Kalb

Erscheinungsbild

Das Kleid des Rothirschs ist im Sommer braunrot und im Winter graubraun. Der helle Fleck am Hinterteil erwachsener Tiere (Spiegel) ist bei Weibchen wie Männchen gelblich weiß und nicht weiß wie bei Rehen. Hirsche haben einen lang gestreckten Rumpf, lange Läufe, spitze Ohren, große Augen und einen kurzen Schwanz. Nur die Männchen tragen ein Geweih. Weibliche Tiere werden Hirschkühe genannt und sind etwas kleiner.

Lebenserwartung: 15 Jahre

Ernährung

Hirsche sind Pflanzenfresser, die sich von zarten Trieben, jungen Zweigen von Laub- und Nadelbäumen, Efeu, Baumrinde und Waldfrüchten ernähren.

Der Hirsch wirft sein Geweih jedes Jahr aufs Neue ab.

Lebensweise

Männliche Hirsche tragen Geweihe, die jedes Jahr zwischen März und April abgeworfen werden und innerhalb von 120 Tagen vollständig nachwachsen. Während der Paarungszeit sind sie Einzelgänger. Hirsche sind vorwiegend nachts und in der Dämmerung aktiv. Ihr Revier erstreckt sich über 5 bis 30 km^2.

Er lebt im Wald und ist vorwiegend nachts und in der Dämmerung aktiv.

Fortpflanzung

Rothirsche leben in Rudeln aus zehn bis 30 Hirschkühen und den im selben Jahr geborenen Kälbern. Im Allgemeinen gebiert eine Hirschkuh nach einer Tragzeit von acht Monaten ein einziges Kalb. Es wird acht bis zehn Monate lang gesäugt und bleibt in einem Waldversteck zurück, wenn die Mutter sich entfernt. Im Alter von zwei Jahren verlässt das Jungtier die Mutter, um sich einem anderen Rudel anzuschließen.

Das Revier erstreckt sich über 5 bis 30 km^2.

Schon gewusst?

Die besten Chancen, Hirsche röhren zu hören, bieten sich zwischen Mitte September und Mitte Oktober bei Anbruch der Dunkelheit im Wald.

DIE WILDKATZE

SYSTEMATIK

Wissenschaftlicher Name:
Felis silvestris

Klassifizierung:
Wirbeltiere, Säugetiere, Raubtiere, Katzen

ANDERER NAME

Waldkatze

MAẞE

Länge: 61 bis 113 cm inkl. Schwanz (21 bis 38 cm)

Gewicht: 3 bis 6 kg

★ Erscheinungsbild

Die Wildkatze gleicht einer getigerten Hauskatze, doch ihr schwarz gestreifter Schwanz ist viel dichter behaart. Außerdem ist sie stämmiger. Das Fell bietet ihr eine ausgezeichnete Tarnung.

★ Ernährung

Die Wildkatze bewegt sich geschmeidig und nähert sich ihrer Beute auf Samtpfoten. Auf ihrem Speiseplan stehen vor allem kleine Säugetiere (Mäuse aller Art), aber auch Junghasen, Kaninchen, Eichhörnchen, Vögel und Eidechsen. Es kommt vor, dass sie Frösche und Fische erbeutet.

Lebenserwartung: 10 bis 14 Jahre

★ Lebensweise

Die Wildkatze ist ein Einzelgänger, der Laubwälder, insbesondere Eichen- und Buchenwälder liebt. Sie ist überwiegend dämmerungs- und nachtaktiv. Obwohl sie am liebsten am Boden jagt, klettert sie auch an Baumstämmen hoch, um Beute zu fassen oder um zu schlafen.

Das Revier erstreckt sich über 2 bis 9 km^2.

Die Katze schleicht sich auf Samtpfoten an ihre Beute heran.

★ Fortpflanzung

Im Frühling sind die Schreie der Kater, die den Beginn der Paarungszeit einläuten, weithin zu hören. Pro Wurf bringt eine Katze drei bis fünf, selten mehr Junge zur Welt, die sie in einer Höhle unter einem Felsen oder im verlassenen Bau eines anderen Tieres zur Welt bringt. Im Herbst werden die jungen Katzen selbstständig und erobern sich eigene Reviere.

Schon gewusst?

Verwilderte Hauskatzen paaren sich manchmal auch mit Wildkatzen.

DER ZITRONENFALTER

SYSTEMATIK

Wissenschaftlicher Name:
Gonepteryx rhamni

Klassifizierung:
Gliederfüßer, Insekten, Schmetterlinge, Weißlinge

Weibchen

Männchen

ANDERER NAME

Limettenfalter

MAẞE

Länge: 18 mm

Spannweite: 55 bis 60 mm

Raupe

Erscheinungsbild

Der wunderschöne Schmetterling verdankt seinen Namen den zitronengelben Flügeln des Männchens. Die Flügel des Weibchens sind eher grüngelb. Beide haben jeweils einen orangefarbenen Fleck auf den Flügeloberseiten.

Ernährung

Die Schmetterlinge saugen auf Waldlichtungen Nektar aus Blüten. Die kurz vor der Verpuppung 31 bis 35 mm lange grüne Raupe ernährt sich vom Laub des Faulbaums und verschiedener Kreuzdornarten.

Lebensweise

Mit einer Lebenserwartung von über einem Jahr hält der Zitronenfalter den Rekord unter den tagaktiven Faltern, von denen die meisten nur wenige Wochen leben. „Harte Zeiten" im Winter und im Sommer überbrückt er, indem er in eine Art Starre verfällt und seinen Stoffwechsel komplett herunterfährt.

Lebenserwartung: 1,5 Jahre (erwachsener Schmetterling)

Fortpflanzung

Nach einem anmutigen Balztanz paaren sich im Frühling Männchen und Weibchen Rücken an Rücken. Das Weibchen legt anschließend hellgelbe, flaschenförmige, geriffelte Eier, die sich vor dem Schlüpfen der Raupen rötlich verfärben. Die Raupen sind grün mit weißlichen Rändern an den Seiten und am ganzen Körper mit schwarzen Punkten bedeckt. Sie verwandeln sich in grüne Puppen, aus denen im Juli, August die Schmetterlinge schlüpfen. Am Ende des Winters sind Zitronenfalter oft die ersten Falter, die aktiv werden.

Der Körper ist pelzig, die Fühler sind rot.

Der Zitronenfalter ist ein Tagfalter.

Schon gewusst?

Mit geschlossenen Flügeln ist der Zitronenfalter kaum von einem Blatt zu unterscheiden – eine ausgezeichnete Tarnung, wenn sich Fressfeinde nähern.

DIE MOOSASSEL

SYSTEMATIK

Wissenschaftlicher Name:
Philoscia muscorum

Klassifizierung:
Gliederfüßer, Krebstiere, Asseln, Philosciidae

ANDERER NAME

Waldassel

MAßE

Länge: 6 bis 12 mm

★ Erscheinungsbild

Das braune Krebstier, das 14 Beine und vier ovale, abgeplattete Fühler besitzt, hat einen dunklen Kopf mit einem gelben Fleck an der Basis. Im Gegensatz zu anderen Asselarten ist es ziemlich flink.

★ Ernährung

Die Moosassel ernährt sich von in Zersetzung befindlichen Pflanzen, frisst aber gelegentlich auch tote Tiere.

★ Lebensweise

Um Moosasseln aufzustöbern, musst du unter Steinen oder Holzstücken nachsehen. Doch Vorsicht, es handelt sich dabei um ihr Zuhause. Leg also alles wieder fein säuberlich an seinen Platz zurück. Moosasseln verkriechen sich auch gern unter Baumrinde oder krabbeln im Moos, in totem Laub und in Gräben herum.

★ Fortpflanzung

Das Weibchen hat unter seinem Bauch zwischen den sechs Vorderbeinen eine Tasche, die „Marsupium" genannt wird. Sie dient als luftiger Brutraum für die Eier. Junge Asseln müssen sich häuten, um wachsen zu können. Zunächst sind sie weißlich, dann rosa und zum Schluss schokoladenbraun.

Lebenserwartung: 2 bis 3 Jahre

Sie besitzt 4 Fühler: 2 große und 2 sehr kleine.

Sie ist eine entfernte Verwandte der Garnele.

Die Moosassel atmet durch Kiemen.

Schon gewusst?

Bei Gefahr rollt sich die Moosassel zu einer Kugel zusammen wie ein Igel, um ihren Bauch und ihre Beine zu schützen.

DIE BARREN-RINGELNATTER

SYSTEMATIK

Wissenschaftlicher Name:
Natrix helvetica

Klassifizierung:
Gliederfüßer, Reptilien, Schuppenkriechtiere (Echsen, Schlangen), Wassernattern

MAẞE

Länge: 1,10 m (Männchen), 1,40 bis 2 m (Weibchen)

Gewicht: 150 bis 350 g

Erscheinungsbild

Die Barren-Ringelnatter trägt ein braungraues Schuppenkleid mit kleinen schwarzen Flecken und hat einen schwarz-weißen Halsring. Ihr schwarz-weißer Bauch ist schachbrettartig gemustert.

Ernährung

Die Natter fühlt sich im Wasser genauso wohl wie an Land und kann in Tümpeln mehrere Minuten lang nach Kaulquappen, Molchen, Fröschen und Krebsen tauchen, ohne Luft zu holen.

Lebensweise

Die Barren-Ringelnatter hält sich häufig im Unterholz, an Waldrändern und am Ufer von Gewässern auf. Sie ist ungefährlich und leistet dem Menschen gute Dienste, indem sie Mäuse und Wasserratten vertilgt. Wenn sie einem Fressfeind nicht entkommen kann, legt sie sich auf den Rücken, öffnet das Maul und stellt sich tot, um den Angreifer abzuschrecken. Hilft diese Taktik nicht, sondert sie aus ihren Postanaldrüsen ein übelriechendes Sekret ab.

Fortpflanzung

Nach der Winterruhe Ende April, Anfang Mai schmiegen Männchen und Weibchen sich aneinander und paaren sich über mehrere Stunden. Im Juni legt das Weibchen ca. 10–30, manchmal mehr als 100 längliche, 20 bis 40 mm große weiße Eier. Zwischen August und September schlüpfen die etwa 15 cm langen Jungschlangen, indem sie mithilfe ihres „Eizahns" die Eierschale aufbrechen.

Lebenserwartung: 25 bis 28 Jahre

Sie besitzt eine gegabelte Zunge, mit der sie auch Gerüche wahrnehmen kann.

Sie ist ungefährlich.

Diese Wassernatter ist eine elegante, gute Schwimmerin.

Schon gewusst?

Die ungiftige Barren-Ringelnatter lässt sich gut von der giftigen Otter unterscheiden: Ihr Schwanz ist länger, ihr Kopf oval und nicht dreieckig, und die Kopfschuppen sind viel größer.

DAS EICHHÖRNCHEN

SYSTEMATIK

Wissenschaftlicher Name:
Sciurus vulgaris

Klassifizierung:
Wirbeltiere, Säugetiere, Nagetiere, Hörnchen

MAßE

Länge: 32 bis 52 cm inkl. Schwanz (14 bis 23 cm)

Gewicht: 200 bis 410 g

ANDERER NAME

Eichkätzchen

Erscheinungsbild

Bis auf die helle Schnauze und den weißen Bauch sind Eichhörnchen am ganzen Körper rotbraun behaart. Ihr Winterfell ist viel dichter als das Sommerfell. Auch der Schwanz ist in der kalten Jahreszeit buschiger, und die Ohren sind durch lange Ohrpinsel geschützt.

Ernährung

Das Eichhörnchen liebt Beeren, Eicheln und andere Nussfrüchte, die es im Herbst im Boden vergräbt, um im Winter von seinem Vorrat zu zehren. Da es nicht alle seine Schätze wiederfindet, keimen im Frühling vergessene Samen und entwickeln sich zu neuen Bäumen. Auch Tannen-, Kiefern- und Fichtenzapfen stehen auf seinem Speiseplan. Um an die schmackhaften Samen zu gelangen, reißt es die Deckschuppen ab, sodass am Ende nur noch der Strunk übrig bleibt.

Lebenserwartung: 3 bis 7 Jahre

Das tagaktive Eichhörnchen ist ein Einzelgänger.

Lebensweise

Eichhörnchen sind tagaktive Einzelgänger, die viel Zeit mit der Suche nach Nahrung verbringen. Sie halten keinen Winterschlaf, ziehen sich aber bei Frost in ihre Nester zurück. Immer zu Späßen aufgelegt und auf der Hut vor Gefahren, verstecken sie sich gern hinter Baustämmen.

Es schlürft Vogeleier aus, frisst Nestlinge und Insekten.

Fortpflanzung

Ab Dezember beginnt das Eichhörnchen mit dem Nestbau in einer Astgabel. Das kugelförmige Nest (Kobel) hat einen Durchmesser von 30 bis 50 cm und zwei Schlupflöcher. Das Weibchen bringt ein bis sechs Junge zur Welt, die bei der Geburt 10 bis 12 g wiegen. Sie werden zwei Monate lang gesäugt und verlassen dann das Nest.

Schon gewusst?

Wenn ein Eichhörnchen am schlammigen Rand einer Wasserlache herumhüpft, hinterlässt es mit seinen Hinterfüßen eine Spur, die von einem Kobold mit fünf Zehen stammen könnte.

DIE WEINBERGSCHNECKE

SYSTEMATIK

Wissenschaftlicher Name:
Helix pomatia

Klassifizierung:
Weichtiere, Schnecken, Schnirkelschnecken

ANDERER NAME

Schwäbische Auster

MAßE

Länge: 10 cm
Durchmesser des Hauses: 4 bis 5,5 cm
Gewicht: 25 bis 45 g

Erscheinungsbild

Diese große Schnecke besitzt ein hell- bis dunkelbraunes Gehäuse aus Kalk, das in maximal fünf Windungen spiralförmig aufgewickelt ist und eine 5 bis 6 cm große Öffnung besitzt. Ihr Körper ist blassgrau.

Ernährung

Als Vegetarierin ist die Weinbergschnecke auf frische Pflanzen angewiesen. Sie bevorzugt kalkhaltige Böden, denn zum Bau und zur Stabilisierung ihres Hauses muss sie Kalk aus der Umgebung aufnehmen.

Lebens-erwartung: 5 bis 8 Jahre

Lebensweise

Um bei großer Hitze nicht auszutrocknen, verkriecht die Weinbergschnecke sich in ihr Haus und verschließt die Öffnung mit einem Schleimpfropfen, der später fest und milchig weiß wird. Im Winter gräbt sie sich in den warmen Boden ein.

Der Körper ist blassgrau.

Sie kriecht über den Waldboden und an Baumstämmen hoch.

Fortpflanzung

Weinbergschnecken sind Zwitter, also Männchen und Weibchen zugleich. Beide Partner besitzen einen aus Kalk bestehenden „Liebespfeil", den sie jeweils im Fleisch des anderen versenken. Nach der Paarung, im Mai oder Juni, gräbt die Schnecke mit ihrem Fuß eine Grube in die Erde, in die sie 40 bis 80 weiße, 2,5 bis 3 mm große Eier legt. Ihre Geschlechtsöffnung befindet sich auf der Unterseite nicht weit hinter dem Kopf. Die Grube wird mit einer Mischung aus Schleim und Erde verschlossen. Einige Wochen später schlüpfen die kleinen Schnecken. Sie sind erst nach drei bis vier Jahren geschlechtsreif.

Schon gewusst?

Aus dem Schleim der Weinbergschnecke wird ein Extrakt gewonnen, das trockenen Husten lösen kann und manchen Hustensäften zugesetzt wird.

DER EICHELHÄHER

SYSTEMATIK

Wissenschaftlicher Name:
Garrulus glandarius

Klassifizierung:
Wirbeltiere, Vögel, Sperlingsvögel, Rabenvögel

MAẞE

Länge: 34 cm

Spannweite: 45 bis 55 cm

Gewicht: 140 bis 190 g

Erscheinungsbild

Rücken- und Brustgefieder des Eichelhähers sind rosabraun, Stirn und Scheitel schwarz-weiß gestreift, Hals und Bürzel weiß. Unter dem braunschwarzen Schnabel trägt er einen schwarzen Schnurrbart. Die schwarzen Schwanzfedern sind am Ansatz bläulich. Er ist gut an den leuchtend blau gestreiften Federn der ansonsten schwarz-weißen Flügel zu erkennen.

Lebenserwartung: 18 Jahre

Ernährung

Der Eichelhäher macht seinem Namen alle Ehre: 50 Prozent seiner Nahrung besteht aus Eicheln. Ansonsten ernährt er sich von Früchten, Getreide, Küken, Blindschleichen, Eidechsen und kleinen Säugetieren. Zur Vorsorge für die kalte Jahreszeit vergräbt er Eicheln im Boden. Diejenigen, die er im Winter nicht wiederfindet, keimen im Frühling. So trägt er zur Erneuerung unserer Eichenwälder bei.

Er lässt sich ab und zu in Gärten blicken und siedelt sich in bis zu 1400 m Höhe an.

Lebensweise

Obwohl er auch in Nadelwäldern heimisch ist, bevorzugt der Eichelhäher Laubwälder, vor allem Eichen-, Buchen- und Hainbuchenwälder. Von deren Nussfrüchten ernährt er sich zu einem großen Teil.

Das Weibchen legt 3 bis 7 grün-braun gesprenkelte Eier.

Fortpflanzung

Eichelhäher sind Einzelgänger. Im Frühling bauen sie aus Zweigen, trockenen Halmen, Wurzeln und Gräsern in einer Höhe von über 2 m ihr Nest. Von April bis Juni bebrütet das Weibchen die Eier etwa 16 Tage lang und wird währenddessen von seinem Partner mit Nahrung versorgt. Die Jungen sind frühestens nach 20 Tagen flügge.

Schon gewusst?

Wenn ein Eichelhäher einen Waldspaziergänger entdeckt, warnt er die anderen Waldbewohner mit heiseren Schreien. Man nennt ihn deshalb auch „Waldpolizist“.

DAS AUERHUHN

SYSTEMATIK

Wissenschaftlicher Name:
Tetrao urogallus

Klassifizierung:
Wirbeltiere, Vögel, Hühnervögel, Fasanenartige

Henne

ANDERER NAME

Auerhahn

Hahn

MAßE

Länge: 81 bis 94 cm (Hahn), 58 bis 62 cm (Henne)

Spannweite: 87 bis 125 cm

Gewicht: 2,6 bis 4,2 kg (Hahn), 1,2 bis 2 kg (Henne)

Erscheinungsbild

Das Auerhuhn ist der imposanteste Vertreter der Familie der Fasanenartigen. Der Hahn ist viel größer und dicker als die Henne. Sein schieferfarbenes Gefieder schimmert violett und metallisch grün. Schwanz und Bauch sind weiß gefleckt, die Flügel sind braun. Unter dem weißen Schnabel trägt er einen fast schwarzen Bart. Über das Auge zieht sich ein nackter roter Hautstreifen, die sogenannte Rose. Der lange Schwanz wird während der Balz halbrund aufgefächert.

Die Henne ist mit ihrem cremeweißen und rotbraunen Federkleid im Gegensatz zum Hahn gut getarnt. Auch sie besitzt eine Rose.

Die Füße beider Geschlechter sind befiedert.

Ernährung

Auerhühner ernähren sich überwiegend von Pflanzen. Fleischige Beeren, vor allem Heidelbeeren, gehören zu ihren Lieblingsspeisen. Daneben picken sie beim Durchstreifen ihrer großen Reviere aber auch Kiefernnadeln, Knospen und Baumblätter sowie Insekten wie Ameisen und Käfer auf. Wie die meisten körnerfressenden Vögel und ihre Sauriervorfahren, die Theropoden, schlucken sie auch kleine Steine, die man Gastrolithen oder Magensteine nennt und die bei der Verdauung helfen.

Lebensweise

Das scheue Auerhuhn ist in unseren Breiten nur noch in unberührten Bergwaldregionen zwischen 400 und 2400 m anzutreffen, z. B. im Schwarzwald, in den Vogesen, im Jura, in den Alpen und in den Pyrenäen. Es schätzt vor allem Nadelwälder mit wenigen Laubbäumen und Wacholderbäumen sowie helle Buchenwälder. Auerhühner sind tagaktiv und verbringen die Nacht auf einem hohen Ast.

Lebenserwartung: 10 Jahre

Das Auerhuhn ist in etwa so groß wie ein Truthahn.

Der lange Schwanz wird beim Balzen halbrund aufgefächert.

Das Auerhuhn verbringt die Nacht auf einem hohen Ast.

★ Fortpflanzung

Auerhühner sind extrem scheu und leben die meiste Zeit des Jahres im Verborgenen, doch während der Balzzeit im Frühling verliert der Hahn alle Hemmungen. Er paradiert mitten am Tag laut schreiend innerhalb einer „Arena“ herum und streitet sich mit anderen Hähnen um die Hennen. In dieser Zeit sind Auerhähne sehr aggressiv. Nach der Paarung zwischen Juni und Juli bauen die Tiere in einer Bodenvertiefung ein Nest aus Blattwerk und Pflanzenfasern.

Die Henne legt fünf bis neun hellgelbe, braun gefleckte Eier, die vier Wochen lang bebrütet werden. Die Küken, die ihrer Mutter direkt nach dem Schlüpfen folgen (Nestflüchter), bleiben bis zum Herbst in ihrer Obhut.

Henne

Hahn

Schon gewusst?

Das Auerhuhn ist sehr standorttreu, und es kommt vor, dass Hähne Wanderer, Radfahrer oder sogar Autofahrer angreifen, um sie aus ihrem Revier zu vertreiben. Mit diesem ungewöhnlichen Verhalten sorgen sie schon mal für Angst und Schrecken.

DER SPRINGFROSCH

SYSTEMATIK

Wissenschaftlicher Name:
Rana dalmatina

Klassifizierung:
Wirbeltiere, Amphibien, Froschlurche, Echte Frösche

MAẞE

Längе: 8 cm

Lebens-
erwartung:
4 bis 5 Jahre

Er kann bis zu 2 m weit springen.

Er atmet über die Haut.

Erscheinungsbild

Der Springfrosch lässt sich leicht von anderen Braunfröschen unterscheiden: Man muss nur eines seiner Hinterbeine ganz vorsichtig nach vorne ziehen und schauen, ob es über die Schnauze hinausragt. Außer überaus langen Hinterbeinen besitzt dieser schlanke Geselle auch eine lange, spitze Schnauze. An den Schläfen hat er braune Flecken. Sein augengroßes Trommelfell liegt, anders als bei seinem Cousin, dem Grasfrosch, sehr dicht hinter dem Auge. Dank einer glatten, hell- oder dunkelschokoladenbraunen Haut, die an totes Laub erinnert, ist er im Wald gut getarnt.

Ernährung

Als Fleischfresser ernährt sich der Springfrosch von Kleintieren, die um ihn herumwuseln: Spinnen, Asseln, Tausendfüßern, Nacktschnecken, Gehäuseschnecken, Insekten und ihren Larven.

Lebensweise

Sein Name verrät es: Der Springfrosch kann fast 2 m weit springen. Er lebt in feuchten Wäldern und ihren Randgebieten und schätzt vor allem Laubmischwälder mit Eichen und Buchen. Er überwintert im Schlamm unter der Bodenschicht des Waldes. Das ist kein Problem für ihn, weil er über die Haut atmet bzw. Sauerstoff aus dem Wasser filtert. Einer seiner Hauptfressfeinde ist die Ringelnatter.

Fortpflanzung

Zwischen Februar und März, bei einer Lufttemperatur von mindestens 10 °C, wacht der Springfrosch aus seinem Winterschlaf auf. Unmengen an Fröschen begeben sich dann auf nächtliche Wanderungen zu ihren Laichplätzen: ein Tümpel oder ein Waldmoor. Die Männchen sind immer zuerst da. Etwa 15 Tage lang sitzen sie im Wasser und rufen, um ein Weibchen auf sich aufmerksam zu machen. Kommt es zur Paarfindung, steigt das Männchen auf das Weibchen und umklammert es hinter den Vorderbeinen (diesen Klammerreflex nennt man Amplexus). Das Weibchen legt seine Eier (Laich) ab, und das Männchen kann sie anschließend mit seinem Sperma befruchten.

Die Laichballen sind von einer Gelschicht umhüllt, die sich im Wasser ausdehnt, und werden meist an einer Wasserpflanze befestigt. Jeder Laichballen besteht aus ca. 500 bis 2000 Eiern von 2 bis 3 mm Durchmesser. Nach dem Ablaichen verlassen die Eltern den Tümpel, in dem 20 bis 30 Tage später die Kaulquappen schlüpfen. Diese ernähren sich von Wasserpflanzen und von Kadavern ertrunkener Wirbeltiere (Frösche, Fische, Mäuse, Wassermolche). Es dauert drei Jahre, bis die Frösche, die sich aus den Kaulquappen entwickeln, ausgewachsen sind.

Der Springfrosch ist erst nach etwa 3 Jahren ausgewachsen und geschlechtsreif.

Sein Hauptfressfeind ist die Ringelnatter.

Schon gewusst?

Der Spitzname des Springfroschs ist „Pinkelfrosch“: Wenn du ihn auf die Hand nimmst, kann es sein, dass der Frosch vor Aufregung Pipi macht ...

DIE WALDGRILLE

SYSTEMATIK

Wissenschaftlicher Name:
Nemobius sylvestris

Klassifizierung:
Gliederfüßer, Insekten, Heuschrecken, Echte Grillen

Männchen

Weibchen

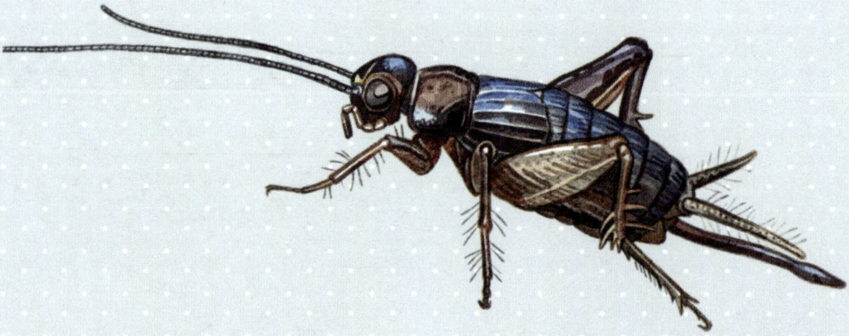

MAßE

Länge: 7 bis 10 mm

Erscheinungsbild

Diese flugunfähige Grille hat einen rauchschwarzen, an der Brust etwas helleren Körper. Auf dem Kopfschild bilden helle Linien ein geometrisches Muster. Obwohl die Grille mächtige Hinterbeine besitzt, ist sie keine besonders gute Springerin. Mit ihren langen Fühlern kann sie Nahrungspflanzen oder -tiere auf große Entfernung riechen.

Lebenserwartung: 2 Jahre (ab dem Schlüpfen der Larven)

Ernährung

Die Waldgrille ernährt sich von kleinen Beutetieren (Fliegen, Wanzen, Käfer) und von Pflanzen.

Zum Zirpen reibt die Grille ihre Vorderflügel aneinander.

Lebensweise

Von Juni bis September bewegen sich Waldgrillen zwischen totem Laub. Das Männchen zirpt stundenlang in kurzen Intervallen, um ein Weibchen anzulocken. Je näher dieses dem Männchen kommt, desto leiser wird das Zirpen.

Sie ist kleiner als ihre Cousine, die Feldgrille.

Fortpflanzung

Nach der Paarung sucht das Weibchen einen Ort, um seine Eier abzulegen. Dabei nutzt es seine Legeröhre, einen 5 bis 7 mm langen Sporn, den es in die Erde bohrt. Die im Frühling schlüpfenden Larven entwickeln sich erst im Folgejahr und nach mehreren Häutungen zu Grillen. Waldgrillen werden etwa zwei Jahre alt und können in allen Entwicklungsstadien (Ei, Larve und erwachsenes Insekt) überwintern.

Die Waldgrille versteckt sich in totem Laub oder in krautigen Waldpflanzen.

Schon gewusst?

Wegen ihres melodiösen Gesangs gilt die Grille in Japan als Glücksbringer. Grillen werden dort in kleinen Käfigen gehalten.

DER GROẞE LEUCHTKÄFER

SYSTEMATIK

Wissenschaftlicher Name:
Lampyris noctiluca

Klassifizierung:
Gliederfüßer, Insekten, Käfer, Leuchtkäfer

Männchen

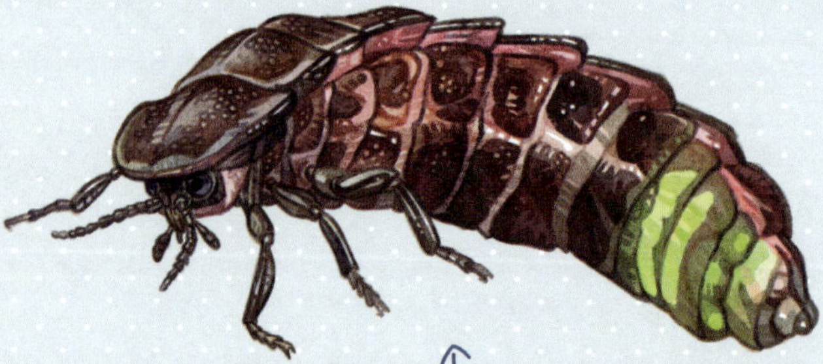

Weibchen

ANDERE NAMEN

- Glühwürmchen
- Johannisglühwürmchen

MAẞE

Länge: 10 bis 16 mm (Männchen), 12 bis 23 mm (Weibchen)

Spannweite: 15 bis 18 mm (Männchen)

Larve

Erscheinungsbild

Bei den Leuchtkäfern besitzt nur das Männchen Flügel. Es hat außerdem viel größere Augen als das flugunfähige Weibchen. Seinen volkstümlichen Namen verdankt das Insekt seiner wurmähnlichen Gestalt.

Ernährung

Die Larven des Großen Leuchtkäfers schlagen ihre Mundwerkzeuge am liebsten in zarte Schnecken und sind im Garten deshalb gern gesehene Gäste.

Lebensweise

Leuchtkäfer-Weibchen auf Partnersuche machen nachts in Unterholz und Gebüsch mit Leuchten auf sich aufmerksam. Ihre Leuchtkraft ist 40-mal stärker als die einer Kerzenflamme. Die Männchen hingegen leuchten viel schwächer. Dafür leuchten Leuchtkäfer in allen Entwicklungsstadien: Sogar Eier, Larven und Puppen senden Leuchtsignale aus. Die Larven überwintern und verpuppen sich unterirdisch. Im Mai schlüpfen die Käfer.

Fortpflanzung

Nach dem Schlüpfen vergräbt sich die Larve in der Erde. Zum Schutz vor Feinden tarnt sie sich mit einem schaumigen Schleim.

Lebenserwartung: 1 Jahr (Larve), 1 Monat (Käfer)

Ei, Larve und Käfer leuchten.

Er frisst gern Nacktschnecken.

Schon gewusst?

Um seine grünen Leuchtsignale abgeben zu können, sammelt der Leuchtkäfer Sauerstoff in besonderen Zellen unter dem Hinterleib. Reagiert der Sauerstoff mit einer chemischen Substanz namens Luciferin, wird Energie in Form von Licht abgegeben.

DER GARTENSCHLÄFER

SYSTEMATIK

Wissenschaftlicher Name:
Eliomys quercinus

Klassifizierung:
Wirbeltiere, Säugetiere, Nagetiere, Bilche

MAẞE

Länge: 19 bis 32 cm inkl. Schwanz (9 bis 15 cm)

Gewicht: 45 bis 120 g (bis zu 210 g vor dem Winterschlaf)

★ Erscheinungsbild

Der Gartenschläfer sieht aus wie eine große Maus mit hellbraunem Rücken und weißer Körperunterseite. Sein langer, weiß-brauner Schwanz hat am Ende eine Quaste. Seine Markenzeichen sind eine schwarze „Maske“ um die Augen und große runde Ohren.

★ Ernährung

Der Gartenschläfer ernährt sich von Früchten, Samen, Beeren und Knospen, frisst aber auch Insekten und plündert zuweilen Vogelnester, um sich Eier und Nestlinge einzuverleiben.

Lebens-
erwartung:
5 Jahre

★ Lebensweise

Das nachtaktive Tier fühlt sich in Laub- wie in Nadelwäldern wohl und ist auch in Höhenlagen von bis zu 2000 m heimisch. Sinkt die Temperatur unter 10 °C, sucht sich der Gartenschläfer eine gut geschützte Baumhöhle oder verkriecht sich in eine Grube, eine Höhle oder eine Waldhütte, wo er die Wintermonate (Oktober bis April) verschläft.

Obst aus dem Garten steht auch auf seinem Speiseplan.

Der Gartenschläfer hat eine Maske wie Zorro.

★ Fortpflanzung

Die Männchen werben um möglichst viele Weibchen, um sich mit ihnen zu paaren. Das Weibchen zieht die Jungen dann alleine auf. Wenn die Jungen das Nest verlassen, laufen sie anfangs alle im „Gänsemarsch“ hinter der Mutter her.

Schon gewusst?

Der maskierte kleine Bandit ist ein exzellenter Kletterer und schnappt sich in der Umgebung von Straßenlaternen auch mal Insekten, die, vom Licht angezogen, auf Mauern sitzen.

DER TIGERSCHNEGEL

SYSTEMATIK

Wissenschaftlicher Name:
Limax maximus

Klassifizierung:
Weichtiere, Schnecken, Schnegel

ANDERE NAMEN

- Großer Schnegel
- Tigernacktschnecke

MAßE

Länge: 17 cm

Erscheinungsbild

Der Tigerschnegel ist die größte Nacktschnecke Europas. Darauf verweist auch sein lateinischer Name *Limax maximus*, denn *maximus* bedeutet „größter“. Seine deutsche Bezeichnung verdankt er dem dunkelbraunen Raubtiermuster auf seinem sandbraunen Körper.

Ernährung

Als Allesfresser vertilgt der Tigerschnegel zarte Triebe, wilde Früchte und halb verweste Waldpilze und unterstützt so die Humusbildung in der Bodenschicht des Waldes.

Lebensweise

Wer nach Tigerschnegeln sucht, muss im Unterholz, in Hecken und Gebüsch, unter Baumstümpfen, totem Holz und Steinen nachschauen. Nur bei feuchtem Wetter und vor allem nachts wagt sich die Schnecke aus ihrer Deckung. Den Winter verschläft sie in einer selbst gegrabenen Bodenvertiefung. Im Februar, März wacht sie wieder auf.

Fortpflanzung

Tigerschnegel sind Zwitter, haben also männliche und weibliche Geschlechtsorgane. Um sich zu paaren, erklimmen zwei Partner einen Zweig, winden sich umeinander und lassen sich an einem Schleimfaden baumeln, um ihr Sperma auszutauschen. Anschließend legen beide farblose, durchsichtige Eier unter Totholz am Boden ab – das erste Mal im Juli, August und das zweite Mal im Juni, Juli des Folgejahres. Jede Schnecke kann rund 100 Eier produzieren.

Lebenserwartung: 3 Jahre

Mit 1,5 Jahren ist der Schnegel erwachsen.

Der Tigerschnegel trägt Tiger- oder Leopardenlook.

Schon gewusst?

Der Tigerschnegel besitzt insgesamt vier Fühler: zwei lange und zwei kurze. Die Augen sitzen am oberen, langen Fühlerpaar, das sich bei Gefahr blitzschnell einziehen lässt.

DER GEMEINE STEINLÄUFER

SYSTEMATIK

Wissenschaftlicher Name:
Lithobius forficatus

Klassifizierung:
Gliederfüßer, Tausendfüßer, Steinläufer

MAẞE

Länge: 17 cm

Erscheinungsbild

Mit seinen 30 Beinen ist der schokoladenbraun gepanzerte Steinläufer schnell wie der Blitz. Er ist ein furchterregender Räuber. Seine Beutetiere tötet er mit Gift, das er ihnen mit seinen Kieferfüßen injiziert.

Lebenserwartung: 3 bis 4 Jahre

Ernährung

Der Steinläufer ernährt sich überwiegend von Insekten und Spinnen, die er in den Spalten von Baumstümpfen oder unter Felsbrocken ertastet.

Der Steinläufer ist flink und verkriecht sich blitzschnell.

Lebensweise

Der Steinläufer ist lichtscheu und mag feuchte Böden. Du kannst ihn unter Steinen und vermodertem Holz finden. (Lege alles wieder sorgfältig an seinen Platz, denn es handelt sich um das Zuhause der Tiere.) Steinläufer sind in Laub- und Nadelwäldern heimisch.

Pro Minute legt er 1,44 m zurück.

Fortpflanzung

Während der Paarungszeit liebkosen sich die Tiere mit ihren Fühlern. Das Männchen legt ein kleines Samenpaket in ein 1 cm^2 großes Seidengespinst auf den Boden. Das Weibchen packt die Samen mit zwei umgewandelten Beinen, den Genopodien, und führt sie in seine Geschlechtsöffnung ein. Nach der Befruchtung befördert es die 1 mm großen Eier unter den hinteren Teil seines Rumpfs zwischen seine Beine und legt sie dann einzeln im Boden ab. Die Larve schlüpft nach 35 bis 90 Tagen. Sie hat nur 14 Beine und lebt räuberisch wie ihre Eltern.

Er tötet seine Beute mit Gift.

Schon gewusst?

Die Giftklauen des Steinläufers sind umgewandelte Gliedmaßen und werden Kieferfüße oder Maxilipeden genannt.

DER PIROL

SYSTEMATIK

Wissenschaftlicher Name:
Oriolus oriolus

Klassifizierung:
Wirbeltiere, Vögel, Sperlingsvögel, Pirole

ANDERER NAME

Goldamsel

Weibchen

Männchen

MAẞE

Länge: 24 bis 25 cm

Spannweite: 44 bis 47 cm

Gewicht: 65 bis 78 g

Erscheinungsbild

Das Pirol-Männchen fällt mit seinem zitronengelben Gefieder sofort auf. Nur die Flügeldecken, der mittlere Teil des Schwanzes und ein Fleck zwischen Auge und Schnabel sind schwarz. Beine und Füße sind grau, der Schnabel ist kirschrot. Das dunkelgrün gefärbte Weibchen hat eine helle Brust mit kurzen dunklen Streifen.

Lebenserwartung: 8 Jahre

Ernährung

Pirole haben einen abwechslungsreichen Speiseplan: Sie ernähren sich von Obst und Körnern, Gliederfüßern (Insekten, Spinnen, Tausendfüßern, Asseln) und kleinen Weichtieren (Nackt- und Gehäuseschnecken). Nur die Nestlinge werden von ihren Eltern praktisch ausschließlich mit tierischem Eiweiß in Form von Insekten und Larven gefüttert.

Trotz seiner auffälligen Färbung ist der Pirol nicht leicht zu entdecken.

Er ist ein sehr scheuer Vogel.

Lebensweise

Der Pirol ist in Laub- und Nadelwäldern heimisch. Vor allem in Pappelwäldern fühlt er sich wohl. Dort kannst du ihn recht häufig singen hören.

Fortpflanzung

Im Frühling verlässt der Pirol sein afrikanisches Winterquartier und überquert die Sahara in Richtung Europa, um sich dort zu paaren. Das Weibchen polstert das Nest mit von der Erde aufgepickten Tierhaaren aus und legt drei oder vier milchweiße Eier mit dunkelbraunen Sprenkeln, die es 14 bis 15 Tage bebrütet. Schon zwei Wochen später, im Laufe des August, brechen die Jungen mit ihren Eltern in das afrikanische Winterquartier auf.

Schon gewusst?

Wenn du einen Pirol bemerkst, verstecke dich und versuche sein Flöten – dü-delüü-lio – nachzuahmen. Das ist nicht schwierig, und so kannst du ihn vielleicht näher heranlocken.

DER EURASISCHE LUCHS

SYSTEMATIK

Wissenschaftlicher Name:
Lynx lynx

Klassifizierung:
Wirbeltiere, Säugetiere, Raubtiere, Katzen

ANDERER NAME

Nordluchs

MAßE

Länge: 91 bis 155 cm inkl. Schwanz (11 bis 25 cm)

Gewicht: 18 bis 25 kg (Männchen), 17 bis 20 kg (Weibchen)

★ Erscheinungsbild

Lange Beine, lange schwarze Ohrpinsel, hellbraunes bis rotbraunes Fell mit schwarzen Flecken: Das ist der Luchs. Seine Schwanzspitze ist schwarz.

★ Ernährung

Der Luchs ernährt sich von Kaninchen, Hasen, Gämsen und kleinen Nagetieren, denen er am Waldboden auflauert, erbeutet aber auch Vögel, Schlangen und Frösche.

★ Lebensweise

Luchse sind ausgesprochen scheu. Normalerweise gehen sie nur in der Dämmerung und nachts auf Jagd. Sie leben überwiegend in Nadel- und Laubwäldern, wo sie Reviere von etwa 100 bis 400 km² Größe durchstreifen. Auch im Hochgebirge wurden schon Luchse gesichtet.

★ Fortpflanzung

Als Einzelgänger sind Luchse meist allein unterwegs. Nur in der Paarungszeit, von Ende Februar bis Anfang April, duldet das Weibchen ein Männchen in seiner Nähe. Die Lockrufe des Männchens sind dann häufig zu hören. Nach zwei Monaten Tragzeit bringt das Weibchen in einem Baumloch oder in einer Höhle zwei bis sechs Junge zur Welt. Sie sind blind, spärlich behaart und werden von ihrer Mutter bis zu fünf Monate lang gesäugt. Schon bald erhalten sie von ihr Jagdunterricht. Nach neun bis elf Monaten beginnen sie sich dann allein durchzuschlagen.

Lebenserwartung: 12 bis 20 Jahre

Der Luchs markiert sein Revier, indem er an Baumstämme oder Felsbrocken uriniert.

Er ist ein Jäger auf Samtpfoten.

Schon gewusst?

Luchse waren aus Westeuropa praktisch verschwunden, wurden aber ab den 1980er Jahren wieder angesiedelt, z. B. in den Vogesen, im französischen Jura sowie in der Schweiz, in Deutschland und in Österreich. Die Tiere stammten unter anderem aus den rumänischen Karpaten.

DAS TAUBENSCHWÄNZCHEN

SYSTEMATIK

Wissenschaftlicher Name:
Macroglossum stellatarum

Klassifizierung:
Gliederfüßer, Insekten, Schmetterlinge, Schwärmer

ANDERER NAME

Kolibrischwärmer

MAẞE

Länge: 26 bis 28 mm

Spannweite: 35 bis 55 mm

Erscheinungsbild

Das Taubenschwänzchen besitzt lange, schmale braune Vorderflügel und orangebraune Hinterflügel. Kopf und Rumpf sind auf der Oberseite braun, auf der Unterseite schmutzig weiß. Die Fühler sind fadenförmig wie bei Tagfaltern.

Lebenserwartung: 1 Jahr (Falter)

Ernährung

Anders als die meisten anderen Mitglieder seiner Familie ist das Taubenschwänzchen tagaktiv. Mithilfe seines schlanken Rüssels saugt es Nektar aus allerlei Blüten, besonders gern aus Blüten mit langen Kelchen. Die grüne, weiß gepunktete Raupe misst kurz vor der Verpuppung 45 mm und ernährt sich von Echtem Labkraut und Wiesen-Labkraut.

Der Schmetterling hat dasselbe Flugverhalten wie ein Vogel (Kolibri).

Lebensweise

Bis zu 70-mal schlägt das Taubenschwänzchen pro Sekunde mit den Flügeln. Das macht ihm kein anderer Schmetterling nach. Es kann eine Fluggeschwindigkeit zwischen 18 und 40 km/h, ja sogar bis zu 50 km/h erreichen.

Er besitzt einen 25 mm langen Saugrüssel.

Fortpflanzung

Als Wanderfalter überwintert das Taubenschwänzchen in Nordafrika und kehrt jedes Jahr nach Europa zurück, um sich fortzupflanzen. Aus den Eiern, die das Weibchen nach der Paarung im Frühling legt, schlüpfen grüne Raupen mit einer gelben (unten) und einer weißen (oben) Linie an den Seiten. Am Körperende befindet sich das sogenannte Analhorn, ein charakteristisches Merkmal von Schwärmerraupen.

Schon gewusst?

Das Taubenschwänzchen ist in der Lage, über den Blüten, aus denen es Nektar saugt, im Schwirrflug in der Luft zu verharren. Darin ähnelt es einem Kolibri. Daher wird es auch „Kolibrischwärmer" genannt.

DIE GEMEINE TAPEZIERSPINNE

SYSTEMATIK

Wissenschaftlicher Name:
Atypus affinis

Klassifizierung:
Gliederfüßer, Spinnentiere, Webspinnen, Tapezierspinnen

Erwachsene Spinne

Tapezierspinne in ihrer Wohnröhre

MAßE

Länge: 7 bis 9 mm (Männchen), 10 bis 15 mm (Weibchen)

★ Erscheinungsbild

Bei Spinnen sind Kopf und Bruststück zu einem Körpersegment zusammengewachsen. Dieses Kopfbruststück ist bei der Tapezierspinne braun bis grünlich braun. Ihr braunroter Hinterleib ist grau gefleckt.

★ Ernährung

Tapezierspinnen graben 15 bis 50 cm lange schlauchartige Röhren in die Erde, die sie mit Seide auskleiden („tapezieren"). Die Röhren setzen sich oberirdisch als etwa 5 bis 12 cm lange Fangschläuche fort. Läuft ein Beutetier über den Schlauch, tötet die Spinne es mit einem Biss durch die Schlauchwand. Dabei injiziert sie ihm mit ihren Giftklauen Gift und zieht es anschließend durch den Riss im Schlauch in ihre Wohnröhre, um es zu fressen. Den Riss „vernäht" sie anschließend wieder.

Lebenserwartung: 5 bis 8 Jahre

Sie lebt in Waldgebieten mit kalkhaltigen oder sandigen Böden.

★ Lebensweise

Die Tapezierspinne fühlt sich in Laubwäldern heimisch und baut ihre Röhren in der Nähe von Baumwurzeln.

Die Giftklauen sitzen vorne am Kopf.

★ Fortpflanzung

Männchen und Weibchen leben in je eigenen Wohnröhren. Im Herbst begibt sich das Männchen auf die Suche nach einem Weibchen. Entdeckt es den Fangschlauch eines Weibchens, trommelt es mit den Hinterfüßen gegen das Gespinst und zerreißt es, um in die Röhre einzudringen. Beide Partner leben einige Monate zusammen. Das Weibchen legt Eier in einen Kokon und hängt ihn an die Decke seiner Röhre. Gegen Ende des Sommers schlüpfen die Jungspinnen.

Schon gewusst?

Tapezierspinnen haben eine gewisse Ähnlichkeit mit Vogelspinnen, und tatsächlich sind sie mit ihnen verwandt. Beide bewegen ihre Giftklauen von oben nach unten und nicht zur Seite wie andere Spinnen.

DAS BRAUNE LANGOHR

SYSTEMATIK

Wissenschaftlicher Name:
Plecotus auritus

Klassifizierung:
Wirbeltiere, Säugetiere, Fledertiere, Glattnasen

MAßE

Länge: 79 bis 108 mm inkl. Schwanz (37 bis 55 mm)

Spannweite: 24 bis 30 cm

Gewicht: 5 bis 12 g

Erscheinungsbild

Das Braune Langohr macht seinem Namen alle Ehre: Es hat riesige Ohren, die es seitlich nach hinten einfalten kann. Das lange, dichte Rückenfell ist braunrot, das Bauchfell grauweiß.

Ernährung

Die kleine Fledermaus beginnt 15 bis 45 Minuten nach Sonnenuntergang mit der Jagd auf Schmetterlinge und ihre Raupen sowie auf Fliegen, Käfer und Spinnen.

Lebenserwartung: 4 Jahre (in der Schweiz wurde einmal ein 31 Jahre altes Langohr gefangen!)

Lebensweise

Von November bis März halten die Fledermäuse Winterschlaf in Höhlen, Steinbrüchen, Bunkern, unter Kirchen- oder Hausdächern. Meist hängen sie einzeln oder in kleinen Gruppen an der Decke.

Von April bis Mai ist das Braune Langohr mehr oder weniger ständig auf der Jagd. Die Weibchen sammeln sich in sogenannten Wochenstubenquartieren, z. B. in Dachstühlen, und bringen dort im Juni ihr Junges zur Welt. Die kleinen Fledermäuse sind bei ihrer Geburt unbehaart und haben riesige Füße. Manche Jungtiere werden im Juli noch gesäugt, andere sind dann bereits erwachsen.

Es besiedelt gern dichte Laubwälder, Parks und Gartenanlagen.

Das Weibchen bringt pro Jahr nur ein Junges zur Welt.

Fortpflanzung

Braune Langohren paaren sich zwischen Ende August und Oktober. Das Sperma des Männchens wird vom Weibchen über den Winter aufbewahrt, die Befruchtung findet Ende April oder im Mai statt.

Schon gewusst?

Während des Winterschlafs faltet das Braune Langohr seine Ohren unter die Flügel, um keine Körperwärme zu verlieren. Von vorne sieht sein Gesicht dann aus wie der Kopf eines Widders mit Spiralhörnern.

DER BALKENSCHRÖTER

SYSTEMATIK

Wissenschaftlicher Name:
Dorcus parallelipipedus

Klassifizierung:
Gliederfüßer, Insekten, Käfer, Schröter

ANDERER NAME

Zwerghirschkäfer

MAẞE

Länge: 18 bis 32 mm

Länge der Larve: 20 bis 30 mm

Erscheinungsbild

Erwachsene Balkenschröter sehen aus wie Miniaturhirschkäfer mit kleineren Mundwerkzeugen. Die weißliche oder gelbe Larve mit dem karamellfarbenen Kopf ähnelt einem Wurm.

Ernährung

Die Käfer ernähren sich von Tanninen und von den Säften, die an „blutenden" Bäumen herabrinnen. Die Larven leben in totem Holz von Laubbäumen (Eichen, Buchen, Eschen, Ulmen, Weiden, Linden oder Obstbäume).

Lebensweise

Wie sein Zweitname vermuten lässt, ist der Balkenschröter mit dem Hirschkäfer verwandt. Doch er ist nicht nur kleiner, sondern auch weiter verbreitet als dieser. So kann man in morschem Holz oftmals Eier, Larven, Puppen und Käfer des Balkenschröters finden. Krähen oder Elstern lassen sich recht häufig dabei beobachten, wie sie in faulendem Holz nach Käfern suchen. Die Käfer fliegen Ende April, Anfang Mai aus und sind meist ab dem späten Nachmittag bis in die Abenddämmerung hinein unterwegs.

Fortpflanzung

Das Weibchen legt seine Eier in morsches Holz, das den Larven bis zur Verpuppung gleichzeitig als Nahrungsquelle dient.

Lebenserwartung: 5 bis 8 Jahre

Der Balkenschröter ist der kleine Cousin des Hirschkäfers.

Mit seinen Mundwerkzeugen kann er menschliche Haut durchbeißen, ist aber ungefährlich.

Schon gewusst?

Die kräftigen, großen Mundwerkzeuge des Männchens sind zwar nicht ganz so eindrucksvoll wie beim Hirschkäfer, unterscheiden es aber eindeutig vom Weibchen.

DER SCHWARZSPECHT

SYSTEMATIK

Wissenschaftlicher Name:
Dryocopus martius

Klassifizierung:
Wirbeltiere, Vögel, Spechtvögel, Echte Spechte

Weibchen

Männchen

MAßE

Länge: 55 cm

Spannweite: 64 bis 68 cm

Gewicht: 300 bis 350 g

Erscheinungsbild

Unter den elf Spechtarten Europas ist der Schwarzspecht der größte. Der elfenbeinfarbene Schnabel hebt sich stark von dem schwarzen Gefieder ab. Männchen und Weibachen lassen sich anhand der roten „Kappe“ unterscheiden: Während sie beim Männchen die Kopfplatte komplett bedeckt, ziert sie beim Weibchen nur das Hinterhaupt. Der Schwarzspecht ist ein exzellenter Kletterer. Seine vier Zehen sind mit kräftigen, langen Krallen ausgestattet und wie ein X angeordnet: Zwei Zehen weisen nach vorne, zwei nach hinten. Das erleichtert das Herumklettern an Baumstämmen und Ästen.

Lebens-
erwartung:
11 Jahre

Der Schwarzspecht
ist der größte
Specht Europas.

Ernährung

Als Insektenfresser ernährt sich der Schwarzspecht vor allem von Ameisen, die er im Holz aufstöbert, sowie von anderen Insekten und ihren Larven. Hierfür hackt er mit seinem kräftigen Schnabel die Rinde vom Baum. Eine Membran am Ende des Schnabels dämpft den Aufprall und verhindert so, dass er Kopfweh bekommt.

Er ist ein
exzellenter
Kletterer.

Lebensweise

Anders als andere Spechte fliegt der Schwarzspecht nicht wellenförmig, weshalb er immer wieder mit der Saatkrähe verwechselt wird, die genauso groß ist, aber keine rote Kappe hat. Sein Revier markiert er u. a. mit Trommelwirbeln, bei denen er mit dem Schnabel kräftig auf einen Resonanzkörper einhackt, und mit extrem lauten Rufen, die aus mehr als 1 km Entfernung zu hören sind.

Seine Rufe sind über
1 km weit zu hören.

Männchen

★ Fortpflanzung

Im Januar begibt sich das Männchen, das bis dahin als scheuer Einzelgänger gelebt hat, auf die Suche nach einem Weibchen und beginnt mit seinem Balzritual: lauten Kontaktrufen und Trommelwirbeln. Hat sich ein Paar gefunden, schwenken beide die Köpfe im Gleichklang nach links und nach rechts. Das Männchen geleitet das Weibchen dann zu einer meist ovalen Höhle, die es in einen morschen Baum gehackt hat. Das Weibchen legt drei bis fünf weiße Eier, die von beiden Elternteilen 12 bis 14 Tage lang bebrütet werden. Die Jungvögel fliegen nach etwa 27 Tagen aus.

Weibchen

Schon gewusst?

Höhlenbrüter wie Meisen, Hohltauben, Stare, Kleiber, Dohlen, Raufußkauze und Steinkauze nisten in verlassenen Spechthöhlen. Auch manche Säugetiere, etwa Fledertiere, Baummarder, das Eurasische Eichhörnchen und der Siebenschläfer lassen sich gern darin nieder.

DER ROTFUCHS

SYSTEMATIK

Wissenschaftlicher Name:
Vulpes vulpes

Klassifizierung:
Wirbeltiere, Säugetiere, Raubtiere, Hunde

MAẞE

Länge: 90 bis 139 cm inkl. Schwanz (32 bis 49 cm)

Gewicht: 3 bis 11 kg

Lebens-
erwartung:
5 bis 15 Jahre

Er hat nicht viele Fressfeinde.

Fuchsjunge nennt man Welpen.

Die Neugeborenen können weder hören noch sehen.

★ Erscheinungsbild

Der Rotfuchs trägt seinen Namen nicht umsonst: Sein Fell leuchtet rotbraun, nur an der Schnauze, am Bauch und am Schwanzende ist es weiß. Die Pfoten und die Rückseite der Ohren sind schwarz.

★ Ernährung

Der Rotfuchs ist nicht wählerisch: Im Herbst ernährt er sich von Beeren und wilden Früchten (deren Samen er über seine Ausscheidungen verteilt), den Rest des Jahres verspeist er außerdem kleine Säugetiere und Vögel – in Städten sogar den Inhalt von Mülltonnen. Wie bei den meisten Raubtieren hängt die Zahl der Nachkommen von der verfügbaren Nahrung ab.

Füchse tragen dazu bei, den Bestand von Nagetieren auf Feldern und in Gärten zu kontrollieren. Ihre Jagdtechnik ist einzigartig: Hat ein Fuchs einen kleinen Nager bemerkt, der in einem Feld nach Körnern sucht, streckt er den Kopf nach vorne und richtet die Schnauze und die großen Ohren mal nach rechts, mal nach links, um das Beutetier besser orten zu können. Dann stürzt er sich mit einem hohen, bogenförmigen Sprung von oben auf das überraschte Opfer. Jäger nennen das „Mausen".

★ Lebensweise

Füchse sind überwiegend nachts und in der Abenddämmerung aktiv, wagen sich aber auch tagsüber an den Waldrand oder in Dörfer, wo sie schlecht verschlossene Mülltonnen oder ungesicherte Hühnerställe plündern. Sie haben nur wenige Fressfeinde – den Steinadler, den Braunbär, den Wolf und den Luchs –, aber viele Konkurrenten: den Dachs, den Iltis, den Steinmarder, das Hermelin, das Mauswiesel sowie nacht- und tagaktive Greifvögel.

Fortpflanzung

Im Dezember (während der sogenannten Ranz) paaren sich die Füchse. Zu dieser Zeit kann man sie im Wald bellen hören. Dieses „Ranzbellen“ erinnert an heiseres Hundegebell oder an das Mauzen eines Katers und dient dazu, mit einem möglichen Partner Kontakt aufzunehmen und die Grenzen der etwa 3 bis 8 km^2 großen Reviere zu markieren.

Wenn Gefahr droht, flüchten sich Füchse häufig in ihren Bau, der sowohl als Wohnstätte wie auch als Kinderstube dient und von den Füchsinnen (Fähen) vor der Niederkunft mit Fell ausgepolstert wird. Nach 52 bis 53 Tagen Tragzeit bringt die Fähe zwischen März und Mai vier bis fünf Welpen zur Welt. Die kleinen Füchse sind bei ihrer Geburt blind und taub, haben dunkelgraubraunes, kurzes, weiches Fell und werden vier bis zwölf Wochen lang gesäugt. Zwischen Oktober und Januar werden die zwischen sechs und zwölf Monate alten Jungfüchse von ihren Eltern aus deren Revier verjagt.

Füchse sind sehr anpassungsfähig und leben sogar in Städten.

Sie sind nachts und in der Abenddämmerung aktiv.

Stadtfüchse durchwühlen gern Mülltonnen.

Schon gewusst?

Als Fabeltier hat sich der „Reineke Fuchs“ einen zweischneidigen Ruf erworben: Er gilt als gewiefter Schummler, der sich überall Vorteile verschafft, aber auch als heller Kopf, der sich nichts gefallen lässt.

DER FEUERSALAMANDER

SYSTEMATIK

Wissenschaftlicher Name:
Salamandra salamandra

Klassifizierung:
Wirbeltiere, Amphibien, Schwanzlurche, Echte Salamander

ANDERE NAMEN

Feuermolch, Erdmolch

Erwachsener Salamander

Larve

MAẞE

Länge: 11 bis 21 cm

Gewicht: 40 g

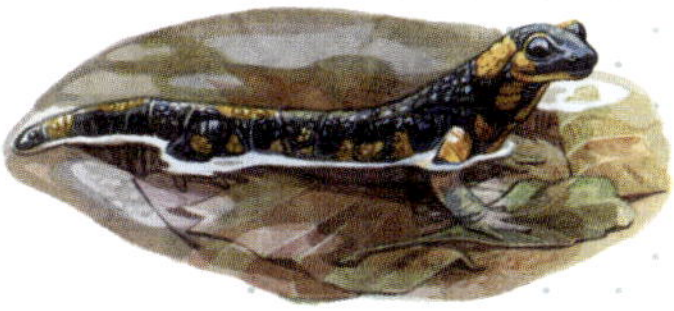

★ Erscheinungsbild

Der Feuersalamander hat eine glänzende schwarze Haut mit leuchtend gelben Flecken. Er besitzt vier Finger und fünf Zehen.

★ Ernährung

Feuersalamander sind nachtaktiv und ernähren sich von Insekten, Larven, Regenwürmern und Nacktschnecken. In Gärten dezimieren sie Schädlinge – solange keine Pestizide zum Einsatz kommen. Normalerweise leben sie in Laubmischwäldern.

★ Lebensweise

Wird der Feuersalamander angegriffen, sondert er aus Drüsen ein milchig weißes, giftiges Sekret ab, das im Mund des Angreifers zu Reizungen führt. Wenn du einen Salamander vorsichtig auf die Hand nimmst und anschließend mit den Fingern weder deine Lippen noch deine Augen berührst, riskierst du nichts. Wasch dir auf jeden Fall danach gut die Hände!

★ Fortpflanzung

Das Weibchen ist mit vier Jahren, das Männchen mit drei Jahren geschlechtsreif. Bei der Paarung gleitet das Männchen unter das Weibchen, reibt sich an ihm und gibt ein Samenpaket ab, das das Weibchen mit seiner Kloake aufnimmt, um die Eier zu befruchten. Mehrere Monate später gebiert es in einem Tümpel oder einer Pfütze etwa 20 Larven, die mit äußeren Kiemen ausgestattet sind.

Lebenserwartung: 25 Jahre

Die Ohrdrüsen geben ein giftiges Sekret ab.

Feuersalamander paaren sich an Land.

Sie fühlen sich in feuchten Lebensräumen zu Hause: in moosbedecktem Unterholz, totem Laub und im Umkreis feuchter Baumstümpfe.

Schon gewusst?

Früher wurde der Salamander mit dem Teufel in Verbindung gebracht, denn die Menschen deuteten seine feurigen Farben dahingehend, dass Flammen ihm nichts anhaben könnten. Tatsächlich überwintert er manchmal zwischen Reisigbündeln, die früher für Feuer verwendet wurden. Werden sie angezündet, macht sich das Tier aber aus dem Staub.

DAS WILDSCHWEIN

SYSTEMATIK

Wissenschaftlicher Name:
Sus scrofa

Klassifizierung:
Wirbeltiere, Säugetiere, Paarhufer, Echte Schweine

ANDERER NAME

Schwarzkittel

MAẞE

Länge: 1,22 bis 2 m/Schwanz: 17 bis 30 cm (Keiler), 1,16 bis 1,74 m/Schwanz: 16 bis 28 cm (Bache)

Gewicht: 33 bis 320 kg (Keiler durchschnittlich: 100 bis 130 kg, Bache: 30 bis 80 kg)

★ Erscheinungsbild

Das Wildschwein ist von gedrungener Gestalt, hat einen kurzen Schwanz, einen mächtigen, länglichen Kopf mit einem Rüssel und grauschwarzes dichtes Fell. Frischlinge sind im ersten Lebensmonat weiß-braun gestreift.

★ Ernährung

Mit Rüssel und Klauen durchwühlt das Wildschwein den Boden auf der Suche nach Eicheln, Bucheckern, Insektenlarven, Waldmäusen und anderen kleinen Nagetieren. Bei Einbruch der Dunkelheit wagt es sich auch auf Waldwege, deren Ränder es umpflügt.

Lebenserwartung: 20 Jahre

★ Lebensweise

Wildschweine leben in sogenannten Rotten aus weiblichen Tieren (Bachen) und jungen Männchen (Keilern). Ältere Keiler entfernen sich von der Gruppe und streifen allein umher. Wildschweine legen pro Tag rund 10 bis 15 km zurück. Ihr Revier erstreckt sich über fast 50 km^2.

Es ist vorwiegend in der Dämmerung aktiv und sehr scheu.

★ Fortpflanzung

Von Oktober bis Januar begeben sich die Keiler auf Brautschau. Stoßen sie auf Konkurrenten, kommt es zu heftigen Kämpfen. Die Tragzeit dauert drei Monate, drei Wochen und drei Tage. Vor der Niederkunft baut die Bache ein Nest aus Blättern und anderem Pflanzenmaterial (Wurfkessel), in dem sie zwei bis zehn Frischlinge zur Welt zu bringt. Sie werden drei bis vier Monate lang gesäugt, ehe sie auf Obst, Samen und Insektenlarven umsteigen, und bleiben etwa ein bis zwei Jahre bei der mütterlichen Rotte.

Es nimmt Schlammbäder, um sich vor Insektenstichen und Zeckenbissen zu schützen.

Schon gewusst?

Das Wildschwein ist der wilde Vorfahr des Hausschweins, das die Menschen gezüchtet haben, um regelmäßig mit Fleisch versorgt zu sein.

DIE RIESENHOLZWESPE

SYSTEMATIK

Wissenschaftlicher Name:
Urocerus gigas

Klassifizierung:
Gliederfüßer, Insekten, Hautflügler, Holzwespen

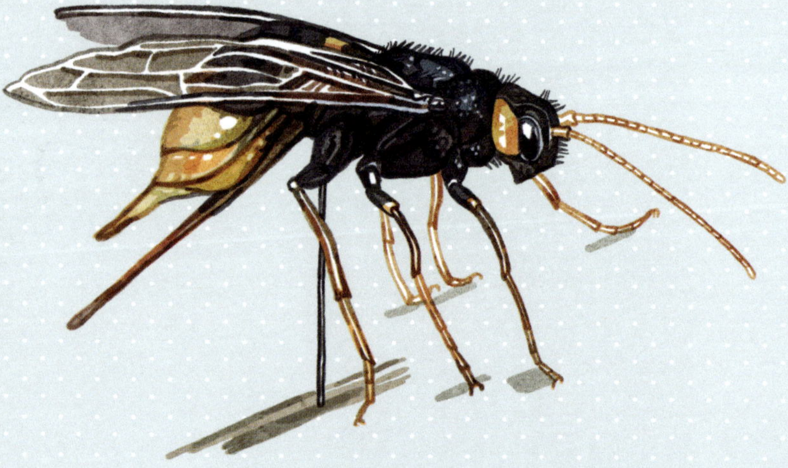

MAẞE

Länge der Wespe: 2 bis 4 cm

Länge der Larve: 2 bis 3 cm

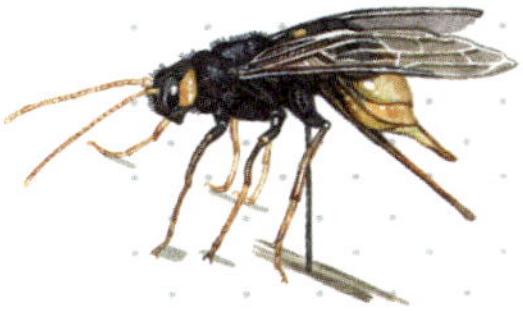

Erscheinungsbild

Die große, schlanke Wespe hat einen schwarzen Kopf und eine schwarze Brust, gelbe Fühler, Augen und Beine sowie einen gelben Hinterleib. Ihre Flügel sind rauchgrau.

Ernährung

Die Larven ernähren sich von Holz, in das sie lange Gänge bohren. Die erwachsenen Wespen fressen überhaupt nichts, denn ihr kurzes Leben dient ausschließlich der Fortpflanzung.

Lebensweise

Unter den 800 Hautflügler-Arten (u. a. Bienen, Wespen, Hornissen, Ameisen, Hummeln), die es in Europa gibt, gehört die Riesenholzwespe zu den größten. Sie legt ihre Eier nur in Nadelbäume, vor allem in Fichten.

Fortpflanzung

Das Weibchen durchbohrt mit seinem Legebohrer die weiche Rinde eines Baums, um in etwa 1 bis 3 cm Tiefe 700 bis 1000 Eier abzulegen. Nach drei Wochen schlüpfen die weißlichen Larven, die sich ausschließlich von Holz ernähren und 10 bis 25 cm tiefe Gänge in ihre Wirtspflanze bohren. Nach mehr als zehn Häutungen verpuppen sie sich jeweils am Ende eines Gangs. Die frisch geschlüpften Wespen müssen ein fast 8 mm großes Schlupfloch bohren, um ins Freie zu gelangen.

Lebens-
erwartung:
2 bis 6 Jahre

Diese große Wespe ist ungefährlich.

Man begegnet ihr vor allem in Bergwäldern.

Das Weibchen legt die Eier mithilfe seines Legebohrers unter Baumrinde ab.

Schon gewusst?

Auch wenn sie aussieht wie eine Hornisse und dir auf den ersten Blick vielleicht Angst macht, ist die Riesenholzwespe absolut harmlos und zudem ungiftig. Ein faszinierendes Insekt, wenn man ihr mit Neugier begegnet.

DER KLEIBER

SYSTEMATIK

Wissenschaftlicher Name:
Sitta europaea

Klassifizierung:
Wirbeltiere, Vögel, Sperlingsvögel, Kleiber

MAßE

Länge: 14 cm

Spannweite: 15 bis 18 cm

Gewicht: 19 bis 24 g

Erscheinungsbild

Den Kleiber erkennt man an seinem hellorangefarbenen Bauch und der blaugrauen Oberseite des Gefieders. Um die Augen trägt er ein schwarzes Band. Die Kehle ist weiß, der lange, spitze Schnabel grau, und die Füße sind rosa.

Ernährung

Mit seinem spitzen Schnabel erbeutet der Kleiber auf und unter der Baumrinde Spinnen, Insekten, Tausendfüßer und Asseln. Im Herbst und Winter schätzt er fleischige Früchte und Samen. Um Nüsse zu knacken, klemmt er sie in Rindenspalten fest.

Lebensweise

Kleiber sind die einzigen Vögel Europas, die kopfüber den Baum hinunterlaufen können. Am wohlsten fühlen sie sich in Laubmischwäldern.

Fortpflanzung

Ab März beginnen Kleiber mit dem Nestbau. Sie beziehen z. B. verlassene Spechthöhlen, die sie mit Zweigen, Gras, Haaren und Federn auspolstern. Ist die Öffnung zu groß, wird sie mit einer Mischung aus Lehm und Speichel verklebt, um Fressfeinde abzuhalten. Das Weibchen legt sechs bis acht weiße, rotbraun gefleckte Eier. Nach 13 bis 18 Tagen schlüpfen die Küken. Sie werden von beiden Eltern abwechselnd mit Insekten gefüttert.

Lebenserwartung: 9 Jahre

Dieser Vogel ist ein Höhlenbrüter, der in verlassenen Baumhöhlen nistet.

Die Jungen sind nach 23 bis 26 Tagen flügge.

Der Kleiber kann mindestens 23 verschiedene Gesänge bzw. Rufe.

Schon gewusst?

Der Kleiber trägt seinen Namen, weil er den Eingang seiner Bruthöhle – etwa einen verlassenen Spechtbau – mit Lehm verklebt, um seinen Nachwuchs zu schützen: Das Wort „Kleiber" kommt nämlich von „kleben".

DIE GELBBAUCHUNKE

SYSTEMATIK

Wissenschaftlicher Name:
Bombina variegata

Klassifizierung:
Wirbeltiere, Amphibien, Froschlurche, Unken und Barbourfrösche

MAßE

Länge: 5 cm

★ Erscheinungsbild

Diese kleine, flache braune Unke ist mit Warzen bedeckt. Bauch und Gliedmaßen sind an der Unterseite gelb-schwarz gefleckt. Sie besitzt keine Ohrdrüsen.

★ Ernährung

Die Gelbbauchunke ernährt sich von Insekten, frisst aber auch Tausendfüßer und Spinnen. Die Kaulquappen leben von jungen Grün- und Kieselalgen.

★ Lebensweise

Die Gelbbauchunke lebt in Tümpeln, Wasserpfützen von Traktorspuren, ja sogar in Wasserlachen, die beim Umpflügen der Erde durch Wildschweine entstanden sind. Sie sucht Schutz unter Steinen, Totholz oder in Felsspalten. Als standorttreues Tier bleibt sie ihr Leben lang in der Nähe ihres Geburtsorts.

★ Fortpflanzung

Der Hochzeitsgesang der Männchen, der im Frühling zu hören ist, erinnert an den Klang einer Glocke. Mehr als 40-mal pro Minute wird das „Hu-Hu" wiederholt. Anders als das Weibchen besitzt das Männchen sogenannte Brunftschwielen: verhornte Hautstellen an der Innenseite der Arme und Finger, die ihm helfen, sich bei der Paarung am Weibchen festzuklammern. Die kugelförmigen zweifarbigen Eier werden in kleinen Gruppen auf Wasserpflanzen abgelegt. Beim Schlüpfen sind die Kaulquappen 7 bis 9 mm groß. Nach 41 bis 67 Tagen haben sie sich in kleine Unken verwandelt.

Lebenserwartung: 10 bis 14 Jahre, in Gefangenschaft bis zu 27 Jahre

Die Bestände der kleinen Unke gehen zurück.

Sie hat herzförmige Pupillen.

Anders als Echte Kröten hat sie keine Ohrdrüsen, die normalerweise hinter den Augen sitzen.

Der Gesang erinnert an das entfernte Gebimmel einer Glocke.

Schon gewusst?

Wenn die Gelbbauchunke von einem Fressfeind, etwa einem Iltis, gestellt wird, biegt sie ihren Rücken nach unten durch und reckt ihre Gliedmaßen nach oben, sodass ihre grell gefärbte Unterseite zum Vorschein kommt. Das bedeutet: „Achtung, ich bin keine schmackhafte Beute!"

DER GEMEINE HOLZBOCK

SYSTEMATIK

Wissenschaftlicher Name:
Ixodes ricinus

Klassifizierung:
Gliederfüßer, Spinnentiere, Milben, Zecken

ANDERER NAME

Gemeine Zecke

Erwachsener Holzbock

Larve

MAẞE

Länge der Larve: 0,5 bis 1,5 mm

Länge der Nymphe: 1 bis 2,5 mm

Länge des Holzbocks: 2 bis 12 mm

Erscheinungsbild

Der erwachsene Holzbock hat, anders als die sechsbeinige Larve, acht Beine, ein braunes Vorderteil mit den Mundwerkzeugen (Gnathosoma) und einen grauen Hinterleib. Männliche Zecken haben oft einen gemusterten hell- bis nussbraunen Rückenschild. Bei Weibchen ist dieser Schild wesentlich kleiner.

Ernährung

Weibliche Zecken lauern ihren Opfern in hohem Gras auf: Reptilen, Vögeln oder Säugetieren, z. B. Fuchs oder Mensch. Sie klammern sich fest, um mit ihren Beißklauen die Haut aufzuschlitzen, ihren Stechrüssel einzuführen und Blut zu saugen. Ein Zeckenweibchen ist vor einer Blutmahlzeit etwa 2 mm groß – vollgesogen misst es 12 mm! Männliche Zecken saugen viel weniger Blut. Die Tiere können beim Saugen über ihren Speichel Erreger der Lyme-Borreliose sowie FSME übertragen.

Lebens-
erwartung:
3 Jahre

Achtung – Blutsauger!

Zecken können mit
einer einzigen Blut-
mahlzeit jahrelang
überleben.

Lebensweise

Der Gemeine Holzbock bewegt sich langsam durch hohes Gras, Gebüsch, Farnkraut und Hecken. Sein Leben vollzieht sich in drei Entwicklungsstadien: Larve, Nymphe und vollentwickelte Zecke. Die Verwandlung von einem Stadium zum nächsten findet in einem Versteck am Boden statt.

Fortpflanzung

Klettern die Temperaturen über 4 °C, begibt sich das Weibchen auf die Suche nach einem Männchen. Es kann nur nach einer Blutmahlzeit befruchtet werden und Eier legen.

Schon gewusst?

Eine Zecke, die du dir z. B. bei einem Waldspaziergang eingefangen hast, kann sich bis zu 15 Tage lang an dir festsaugen. Lasse sie sorgfältig entfernen und beobachte die Bissstelle!

DIE KREUZOTTER

SYSTEMATIK

Wissenschaftlicher Name:
Vipera berus

Klassifizierung:
Wirbeltiere, Reptilien, Schuppenkriechtiere (Schlangen), Echte Vipern

MAẞE

Länge: 55 bis 104 cm

Erscheinungsbild

Die Kreuzotter hat einen gedrungenen Körper und einen flachen Kopf mit runder Schnauze. Über ihren Rücken läuft ein schwarzes Zickzackband, an den Seiten hat sie kleine dunkle Flecken. Ihre Grundfarbe variiert von grau oder schwarz bis zu ziegelrot und schokoladenbraun.

Lebenserwartung: 20 Jahre

Ernährung

Die Schlange ernährt sich von kleinen Säugetieren (Spitzmäusen, Waldmäusen, Wühlmäusen), Fröschen und Eidechsen. Sie lauert ihnen zunächst ein bis zwei Minuten auf und injiziert anschließend mit einem Biss Gift. Sie verschluckt ihre Beute am Stück.

Im Gegensatz zu ihrer Cousine, der Natter, ist die Kreuzotter standorttreu.

Lebensweise

Kreuzottern sind standorttreu und fühlen sich in Heideland, auf Waldlichtungen und an Waldrändern wohl. Da sie ihre Körpertemperatur nicht selbst konstant halten können, überwintern sie in Höhlen, Mauerlöchern oder verlassenen Bauten anderer Tiere. Wenn sie im Frühling aus ihrer Winterstarre erwachen, legen sie sich z. B. auf einer Mauer zunächst mehrere Tage in die Sonne, um Energie zu tanken und aufzuwärmen.

Sie gehört zu den Schlangen mit dem größten Verbreitungsgebiet.

Fortpflanzung

Männchen sind im vierten Lebensjahr geschlechtsreif, Weibchen ein Jahr später. Paarungsbereite Männchen verwickeln sich teils in Kämpfen. Wie alle Schlangen hat das Männchen zwei Begattungsorgane (Hemipenisse), von denen es nur dasjenige benutzt, das der Genitalöffnung des Weibchens am nächsten ist. Das Weibchen bringt ca. sieben Jungschlangen zur Welt.

Schon gewusst?

Die Kreuzotter ist eine Giftschlange, sie hat aber dennoch zahlreiche Feinde, etwa den Mäusebussard, den Schlangenadler, das Wildschwein, das Wiesel, sogar den Fasan.

IMPRESSUM

Illustrationen: Maud Bihan

Für die Originalausgabe:
© 2019 Éditions Rustica, Paris
ISBN: 978-2-8153-1340-7

Programmleitung: Guillaume Pô
Redaktionsleitung: Élisabeth Pegeon
Redaktion: Frédérique Chavance
Künstlerische Leitung: Julie Mathieu
Satz: Véronique Sommeilly

© 2020 für diese deutsche Ausgabe:
Ullmann Medien GmbH, Rheinbreitbach

Übersetzung aus dem Französischen: Jutta Orth
Lektorat: Lektorat plus, Berlin
Satz: Dirk Brauns
Coveradaption: Beate Lennartz

Gesamtherstellung: Ullmann Medien GmbH,
Rolandsecker Weg 30, 53619 Rheinbreitbach
ISBN 978-3-7415-2467-7

10 9 8 7 6 5 4 3 2 1

www.ullmannmedien.com

FSC
www.fsc.org
MIX
Papier aus verantwortungsvollen Quellen
FSC® C129466